本书获二〇二一年贵州省出版传媒事业发展专项资金资助

本书获贵州省孔学堂发展基金会资助

【阳明文库】学术专著系列

一体万化
——阳明心学的美学智慧【增订版】

潘立勇 著

孔學堂書局

本书获2021年贵州省出版传媒事业发展专项资金资助
本书获贵州省孔学堂发展基金会资助

图书在版编目（CIP）数据

一体万化：阳明心学的美学智慧 / 潘立勇著. — 增订版. — 贵阳：孔学堂书局，2022.10（2025.1重印）
（阳明文库. 学术专著系列）
ISBN 978-7-80770-359-4

Ⅰ.①一… Ⅱ.①潘… Ⅲ.①王守仁（1472-1528）—心学—研究 Ⅳ.①B248.25

中国版本图书馆CIP数据核字(2022)第147659号

阳明文库（学术专著系列）

一体万化——阳明心学的美学智慧（增订版） 潘立勇 著
YITIWANHUA——YANGMINGXINXUE DE MEIXUEZHIHUI（ZENGDINGBAN）

项目策划：苏　桦
项目执行：张发贤
责任编辑：陈　真　杨翌琳
责任校对：禹晓妍　王紫玥
书籍设计：曹琼德
责任印制：张　莹

出版发行　贵州日报当代融媒体集团
　　　　　孔学堂书局
地　　址　贵阳市乌当区大坡路26号
印　　刷　北京世纪恒宇印刷有限公司
开　　本　889mm×1194mm　1/24
字　　数　246千字
印　　张　9.75
版　　次　2022年10月第1版
印　　次　2025年1月第2次
书　　号　ISBN 978-7-80770-359-4
定　　价　88.00元

版权所有·翻印必究

阳明文库

编辑出版委员会

主　任　卢雍政

副主任　谢　念　耿　杰

委　员（按姓氏笔画排序）

王大鸣　邓国超　朱光洪　李　筑　苏　桦
常　勇　夏　虹　谢丹华　戴建伟

办公室主任　耿　杰

办公室副主任　邓国超　李　筑　苏　桦

学术委员会（按姓氏笔画排序）

顾　问　安乐哲　杜维明　陈　来　陈祖武

主　任　郭齐勇

副主任　顾　久

委　员

丁为祥　干春松　朱　承　刘金才　李承贵
杨国荣　肖立斌　吴　光　吴　震　何　俊
张志强　张学智　张新民　陆永胜　陈立胜
欧阳祯人　赵平略　姚新中　索晓霞　钱　明
徐　圻　董　平　蒋国保　温海明

目录

序言：心的崛起 / 1

引 言 本心体认

传统与当代 / 002

东方与西方 / 003

本真与本心 / 004

第一章 此心光明——阳明的人生历程与生命境界

生命启示 / 010

灵光透显 / 012

龙场悟道 / 015

境界圆成 / 019

第二章 本体工夫——阳明心学的理论品格

理论构架 / 026

存在本体 / 027

第三章 整合转换——阳明心学的理论贡献

心性整合 / 046

心理转换 / 060

第四章 殊学通旨——心学何以进入美学

美学辨析 / 078

理学美学 / 084

心学美学 / 092

第五章 心外无物——良知为本的本体美学

本心灵觉 / 104

良知境界 / 114

存在澄明 / 123

第六章 当下呈现——境域呈现的现象美学

意在为物 / 130

当下呈现 / 133

第七章 心上工夫——直觉顿悟的体验美学

心与禅悟 / 146

缘机体认 / 150

直觉顿悟 / 155

第八章 事上工夫——随事尽道的行动美学

知行合一 / 164

事上磨炼 / 167

随事尽道 / 173

第九章 自得境界——洒落超越的人生境界

实诚之境 / 182

至善之境 / 187

自得之境 / 192

余　论　当代启示

美学启示 / 202

生存启示 / 205

参考文献 / 209
初版后记 / 213
原版补记 / 215

序言：心的崛起

明代，特别是明中后叶，在中国审美哲学史上是一个非常值得注意的时期，我把它归纳为"理欲冲突，心的崛起"的时期。可以讲，它是中国哲学，包括审美哲学思想发展史上的又一个黄金时代。中国历史上曾形成一系列主导性的社会思潮与学术思想，如先秦子学、魏晋玄学、唐代佛学，到宋代形成了理学，至明代则又集成了心学，统称宋明理学。宋明理学这个概念有狭义和广义之分。广义的宋明理学指整个宋明时代以追究性命天理、人的道德存在本体及其修养工夫为旨趣的一种主导性社会思想和哲学思潮，包括二程、朱熹以理为本体的理本论学派，从张载到王夫之的以气为本体的气本论学派，从陆九渊到王阳明以心为本体的心本论学派，另外还有以胡宏为代表的性本论学派等。狭义的宋明理学专指以二程和朱熹为代表的以理为本体的理本论学派。宋明理学在明代最有影响的是以王阳明为代表的心学。明代心学和宋代理学在道德伦理主旨上是相通的，王阳明心学总的指导思想还是要维持整个封建社会的稳定，推究怎样通过人的道德修养来进入一种符合封建社会秩序和理想的道德境界。但是在思维取向上，包括阳明心学所表现出来的本体境界和工夫风格与宋代理学有很大的不同。

中国儒学史上有三个人物特别值得注意：一个是孔子，一个是朱熹，一个是王阳明，他们都是原创性而集大成的人物。孔子开创儒学而集先秦儒学之大成，朱熹整合儒学而集至宋朝新儒学（Neo-Confucianism）之大成，阳明则由崇朱始而以破朱终，对朱子理学同室操戈，掀天覆地般地改变了宋明理学的思维取向，以彻底的心本论集心学之大成。王阳明的心学所具有的叛逆精神，使其在某种意义上成了近代中国思想解放的先驱。

朱熹是一个偶像人物，在他身上浓缩了中国文化的很多特征，如人格特征、思维特征。他又是一个历史标的，无论是反对朱熹或是赞同朱熹的人，都往往以朱熹的话题作为标的而展开争论。朱熹的学说体系以天理为本体，程朱理学有句名言叫"存天理，灭人欲"。这句话在历史上受过很多批判，从直观角度理解，认为这是"以理杀人"。其实，"存天理，灭人欲"这句话原来是理学家给君王的诤语，是劝君主克制自己的欲望，以天下为重；在历史上看，这句话在指向性上有一定的积极意义。从哲学层面来看，这句话可做更深层次理解。天理和人欲之间有很微妙的联系和差别，《尚书》最早提出"人心惟危，道心惟微"（《尚书·大禹谟》）的命题，整个中国哲学都在反复推究道心和人心之间的关系。"食色，性也"（《孟子·告子上》），食和色是人的两种最基本的需要，在这里，性和理是相通的。食和色本身是天理，但如果食色过度了，就是淫，就偏离了道心，就成了人欲。怎样把两者统一起来，是中国儒家哲学一直关注的最重要命题。天理和人欲，按照冯友兰先生的说法，其实就是共相和殊相，所谓共相代表的是普遍的原理，所谓殊相代表的就是个体存在。两者在理想境界上可以统一，而实际上往往是矛盾的。中国儒家的传统思路是把对人的规定放在理想的一极，"仁者，人也"（《中庸》），非仁则非人，殊相必须符合共相才能获得自由，进入理想境界。

按朱熹的理本论格局，理早于具体事物之前就存在了，而理气又是"两在合一"。朱熹认为，任何具体的事物都有它自身的"理"，比如一把椅子，在这把椅子还没出现之前，它的"理"已经存在了。这个"理"是第一性的，而具体的这把椅子则是第二性的。而朱熹又认为理气"两在合一"，逻辑上，理是先于气的；而实际上理在气中，二者是合一的，理之成物不能凭空存在。这种思路在先秦儒学中是没有的，是朱熹新儒学的创造。按朱熹的理念，理是高高地悬在人之上的，人必须顺应天理而绝对不能违背。这种思维模式对人的思想与个性是有所压抑与束缚的，包括在文学创作、审美境界上。比如作诗，朱熹认为连作诗都必须符合一个"天腔"，即一个天生成的模式，而且这个模式是一成不变的，因此自然而然地产生了一种复古的倾向。到明初这种复古思潮愈演愈烈，是王阳明的出现，彻底地扭转了这种状况。

阳明思想的产生有特定的社会背景和经济背景。其经济背景就是明代的市民阶层迅速崛起，市民经济、海上贸易以及域外交流的发展。市民阶层的社会心理特点是对自身经济利益的感性需求更为直接和迫切，由此导致了市民文学的繁荣，这是王学兴起的社会心理背景。市民阶层的壮大、市民文学的繁荣、市民的审美意识的兴起，对社会意识形态提出了新的要求。王阳明顺应了这种时代的需求，开创了令人耳目一新的心本论学派。

阳明在治学的路上，开始的时候是很崇拜朱熹的。朱熹讲"格物致知"，所谓格物就是通过一件件具体的事物去认知，所谓致知就是通过对已有知识的推致达到悟解的极致。这是朱熹所谓的两面工夫，既有外在的探寻，又有内在的扩充，入口处是对外在事理的认识。王阳明为了学习这个理论，曾率领几个好友在自家园子里对着竹子进行"格物致知"。三天后，朋友们因精力不济纷纷放弃了，只有他仍然坚持。到了第七天，阳明终于也生病不得不放弃了。此后他猛然觉悟到一切理都在自己的心里，离开自己的心去"格物致知"肯定是一无所获的，如朱熹所说的通过外在事物去寻找理是错误的，是舍本求末。经过"龙场悟道"，阳明更是得出了"心外无物，心外无理""吾性自足"的结论。

王阳明有一个著名的"山中观花"的故事。他主张心外无物，物都在我的心里。有朋友质疑：山中的花树，花开花落，与你的心有何相干？王阳明说，这些花在你没有去看它的时候，它处于"寂"的状态，花开花落与你不相干。而当你看它的时候，一时间，它的颜色就明白起来了。可见，花不在我们的心外。他的观念可做这样的理解：任何一个具体的事物是实在，而对我有意义的事物是存在，存在世界对我而产生。实在世界是无穷尽的，存在世界只对人而存在。山中之花原来只是一个"在"，当我去观看它的时候对我呈现出来从而对我产生了意义，于是便成为"存在"。这在本体论和认识论上都有深刻的意义。

世界对应于人而呈现，而整个世界对于每个个体的意义是不同的。王阳明所说"心外无物"的物，是指"意之所在"的物，是具有意义的；没有意义的物，他不去推究。"吾心便是宇宙"，整个宇宙呈现出的事物都与心相对应，是本心灵觉使世界意义呈现，因此，每个人都应该"吾心自作主宰"。每个个体对应的世界的意义都是不同的，世界是对于我的心而存在，所以每个人都应该有自己的想法和感受，也应该有独自的表达，而不是人云亦云。对照西哲海德格尔的说法，每个个体都是独特的"此在"或"亲在"，世界向独特的"此在"或"亲在"呈现其独特的意义；一味依傍别人，人云亦云，随波逐流的"共在"只是行尸走肉。被阳明改造过的"吾心便是宇宙"这个命题暗含着类似的意识。

阳明这种意识在明代中后期产生了巨大的影响。正因为我是一个对象世界能向自己敞开的存在，当对象世界向我敞开的时候，理也就呈现于我的心里了。因此理在心中，心外无物。这种思路在以前一直被人们批判得一无是处，其实它充满着哲理的智慧。以往人们对唯心主义的批判是非常独断的，是对哲学的一种误解。在我看来，庸俗的唯物主义只是一种简单的信仰，是另一种意义上的绝对的"唯心主义"。可以说，历史上思辨的唯心主义对人类思维的贡献远远大于机械的唯物主义。世界的任何价值都对应于人而呈现，世界的任何意义都通过心而澄明。正是因为有了心的作用，才能对具体事物产生反应，才照映出事物的意义。王阳明这种本心意识的提出，在中国哲学史上具有非常深远的意义，并使中国传统哲学史发生了重大的转折。

王阳明对朱熹理学的突破，不但在哲学上是革命性的，在美学上也产生了重大而深刻的影响，主要体现在这么几个方面：

第一，心本体对理本体的突破导致审美主体的极大高扬。他从朱熹的理本体开始突破，把朱熹的理本体的理论构架变成一个心本体。朱熹虽然也提出"心与理一"，但在他那里，理与心是两重的存在。阳明首先将被朱熹理与心一分为二的二重化世界和二元对立状态统合起来，使其成为彻底的一元的存在；进而把朱熹本体论中客观本体（理）与主观本体（心）的位置彻底颠倒过来，将朱熹的留有心学破绽的理一元论改造为彻底的心一元论，以一个凸显主体的"心"的世界来反抗超越时空的"理"的世界。朱熹认为心与理如果能够统一，人则达到天人合一的境界；王阳明进一步认为心即理，理在心中，心外无理。由此，在美学上的反应是，美的本体由抽象冷漠的"道体"转变为具有意志自觉的心体，美的对象由客观异在之物呈现为与本心良知感应而生成的"缘在"之物，美的创造由"从道中流出"转向"从心中流出"，美的尺度由绝对永恒的"天理"转变为虚灵不昧的"吾心"，审美主体由此得到了极大的高扬。

第二，身心合一论对性情二元论的内在突破导致审美个体的感性的高度肯定。朱熹认为理是外在，心是内在，两者是分开的。而心有性和情，心既是一个感性的生理存在，又同时是一种心灵的精神的存在，两者虽然合一，却是二元的。而王阳明则认为性情是一元的，心离不开血肉之躯。王氏后学更强化了情，认为人的情感存在是最重要的；进而由情又转向欲，强调了欲在人性中的合理性与重要性。在儒家传统中，对情是要加以克制的，要符合中庸的分寸，"以理制欲"方是情的合理状态；而王学的后来者则走到了弃理纵欲的极端，将人的感性欲望抬到了前所未有的地位。这样一步步发展，从朱熹的天理论终于转向到明代后期整个社会的人欲泛滥，人的感性欲望及其表达得到了合理的说法。明代的文学作品，如"三言二拍"，就大胆地描写情欲，《牡丹亭》则直接主张"为情而生，为情而死"，走到最极端的是《金瓶梅》。这种主情文学浪漫思潮的指导思想就是明代中后叶阳明心学及其身心合一论。从理到心，再由性到情到欲，阳明心学解除了天理对人心的外在束缚，而以李贽为代表的王学左派则更加极端地否定了封建伦理的本体意识，大胆地反映普通民众的感情，这在中国审美哲学的历史上是具有划时代意义的审美解放。

第三，"狂者胸次"对"圣人规模"的内在突破导致审美独创意识的空前自觉和艺术叛逆精神的空前高涨。在王阳明以前，对待传统及经典的态度大抵是"我注六经"，"六经"是不变的真理，圣人的"浑成气象"永远是后人模仿的最高境界。而到了王阳明这里成了"六经注我"，所有的经典都不过是我的心的印证，"六经"都是从我心里流出。所以他就提出要顶天立地做大丈夫，提倡"狂者胸次"，宣称"点也最狂得我情"，崇尚"君子不器"的曾点境界。"形而下谓之器"，"器"仅局限于一事一物之用。人不是器，不局限于一事一物之用，可以有无限的潜力和无穷的创造，不会因为一点点成就而沾沾自喜，无可无不可，与天地为一。阳明主张个体本心真实的存在与独特的表达，欣赏率性而为的"狂狷"而鄙睨阿谀媚俗的"乡愿"，尤其反对"沿门托钵"，反对那种只会拾人牙慧而没有自己真实的心灵感受而出的学风。阳明对"狂者胸次"的崇尚，导致明中后叶审美独创意识的空前自觉、叛逆精神的空前高涨，所谓"我手写我心""独抒性灵，不拘格套"等口号，都是阳明的"狂者胸次"在文学和审美创造的意识领域的反响。联想到当代，中国理论界的独特建树甚少，就是因为缺少自己的真实感受，没有自己的独特见地，更缺少自己的独特表达。中国人文领域要有出息，真该学学阳明的勇气。

第四，"致良知"对"格物致知"的内在突破导致审美直觉思维的备受推重。王阳明的思想跟禅有一定的相通性，其精巧思辨和直觉顿悟都与禅家智慧异曲同工，甚至已经透露出现象学的智慧。当年郭沫若对王阳明的这种智慧非常欣赏，甚至激情礼赞。朱熹的格物致知有内外两种工夫，而王阳明的致良知只有内在的一种工夫。在阳明看来，心里的"良知"每个人都有，谁也无法逃避，哪怕是强盗在杀人抢劫的时候也会有所犹豫，就是因为他还有良知。良知是一种昭明透彻的灵觉，"致良知"不需要外在的"前知"，不需要概念化的"成见"，只需要让它充分地、无遮无蔽地呈现。换一种角度讲，也就是让事物自己直接呈现。这种智慧非常接近审美的直觉，正是在这种智慧的感应下，明代文人纷纷标举"兴会超妙""兴会神到"的"神韵"说，"禅悦"之趣蔚然成风。

第五，"知行合一"对"先知后行"观的内在突破导致对审美实践功能和化育工夫的突出注重。在朱熹那里，虽然知行是并重的，而且强调"知为先，行为重"，然而知行毕竟有先后之分。阳明则认为知行原本就是合一的，行是知的真切笃实，知是行的明觉精察，知行是合一的，没法分开，又特别强调了行的意义。他更有"一念之动即行"的说法，他这样说的理论意义在于从根本上杜绝坏念头的产生，坏念头的产生就已经是行动的开始了。从发端处讲，一个好念头的产生，也就应该马上行动起来。"知行合一"对"先行后知"

的突破，在美学上的意义是突出了审美的实践性。王阳明心学的美学是一种美育，它不是"观听之学"，而是"身心之学"，一切落实到人生的实践，圆成于人生的境界。他的"知行合一"思想在近代对孙中山、蒋介石、毛泽东等都产生了很大的影响。

概括言之，在哲学上，阳明以"心"为存在之本，至其成熟期，则以"良知"为道德存在本体，以"致良知"为道德实践工夫，本体与工夫成为阳明心学的基本命题。其本体工夫论的特点是体用一元，即本体即工夫，本体工夫原不可分，本体为工夫内在规定，工夫为本体实际呈现。"良知"作为吾心的先验本体，"致"是后天的工夫，"致良知"即意蕴着本体与工夫的同一关系。"工夫不离本体，本体原无内外"，本体与工夫本来是一个和合结构。这种本体工夫论，没有先天的绝对和已成的对待，一切俱在具体的境域中活泼泼地呈现。这种理论旨趣同样渗透在心学美学，本身即具有活泼泼的美学精神，正是中国及东方美学独特之理论思维与精神旨趣的集中、深刻而典型的体现。

以上是本人给硕、博研究生"中国审美哲学"课程讲课的录音整理，姑且作为本书的序言，以作为对阳明心学的美学智慧的背景性、概观性描述。在这本小册子中，笔者将着重探讨阳明心学美学心物一体、良知为本的"本体美学"，意在为物、心物呈现的"现象美学"，缘机体认、直觉顿悟的"体验美学"及以行为重、知行合一的"行动美学"。相对而言，前两者为其美学本体论，后两者为其美学工夫论。在阳明，美的本体即良知，良知呈现即是美；审美是对良知之美的体认，良知之美亦即在体认中澄明，并一切俱落实于人生活动，指归于人生境界，其基本理论旨趣和最高理想追求，即引人进入"无入而不自得"，与天地浑然为一的至乐境界。

潘立勇

引言

本心体认

如何通过更合适的方法来探讨与理解中国古代的智慧，如何使中国古学重焕当代的生机，这是许多中国学者共同在思考的问题，也是笔者探讨阳明心学的美学智慧首先需要思考的问题。

研究中国传统学术的当代视野，就笔者的体会至少要贯彻三个原则：一是传统与当代的统一；二是东方与西方的会通；三是本真与本心的证会。

传统与当代

首先，任何解释与理解，都是基于特定历史和文化语境的解释与理解。海德格尔认为，存在的意义是在此在的理解中被揭示的。而作为处在特定历史和现实中的人，在理解之前，已具有理解的"前结构"（vorstructure），前结构又是由"先行具有"（vorhabe）、"先行见到"（vorsicht）、"先行掌握"（vorgriff）构成的。所谓"先行具有"指的是解释者自身必定被特定的历史和文化先行占有；"先行见到"指的是解释者的理解方式必定被所要利用的语言观念和方式先在规定；"先行掌握"指的是解释者在理解之前已具有的观念、前提这些无法摆脱的参照系。①

因此，任何当代的阐释都无法摆脱传统，而任何对传统的阐释又都立足于当代。当我们试图解释某种对象的时候，一方面我们的理解已蕴含了历史与文化，我们无法摆脱这种影响；而另一方面，我们也无法奢求自己的理解和解释是完全与古人相符的，我们毕竟与古人有遥远的距离，我们毕竟生活在当代，我们只能以尽可能切近古人心境的忠实心态，对古人的智慧作出当代的理解。

据成中英先生的理解，所谓"诠释"是就已有的文化与语言的意义系统作出具有新的时空环境的与主观感知展现出来的理解、认知与评价。诠释兼含解释与理解两种意思：呈现为方法的诠释即为解释，是相对于一个既存的意义空间而言的；呈现为本体即为理解，是一个整体的意义空间的创造。② 相对而言，解释是朝向传统的，

---

① 参见海德格尔：《存在与时间》，陈嘉映、王庆节合译，生活·读书·新知三联书店1987年版，第183—184页。
② 参见成中英主编：《本体与诠释》，生活·读书·新知三联书店2000年版，第6、54页。

所以我们要尽可能地尊重历史,抱有"了解之同情"的学术态度;而理解是本自当代的,所以我们不可避免地立足当代,要在所研究的传统中揭示现代境域的意义。正如当代学人刘述先先生所述:"我们要还出哲学史的真相,首先必须要浸润在传统的思想中,了解他们的问题,以同情的态度追随他们去探索问题的答案,才不至于空入宝山,无功而还。当然我们尝试去了解传统,并不是要抱残守缺,只做一些寻章摘句的功夫,而必须诉之于善巧的解释,才可以帮助现代人看到传统的意义,并进一步了解其限制,加以创造的转化,以适应现代人的需要。"[1]这就是传统与当代统一的原则。

东方与西方

正如杨国荣先生在其论著中一再重申的:中西哲学在尚未相遇时,曾经过了不同的发展过程并形成了各自的传统,两者的这种发展基本上并不以彼此的影响为背景。然而,步入近代以后,中西哲学相互隔绝的历史逐渐终结,对中国哲学来说,西方哲学的存在,已经成为一种本体论的事实。无论是对古典哲学的诠释,还是哲学的重建,都无法绕过这一事实。当然,以西方哲学为研究背景以及运用比较的方式,如果处理不当,也可能带来某些问题,如比较导向比附、古人思想被现代化等,这种偏向无疑应当抑制。但是,不能因此而完全拒斥西方哲学的背景和比较研究的方法。有些论者无条件地贬抑西方哲学的范式与比较研究的方式,试图从中国哲学的研究中净化一切西方哲学的印痕,以为非如此不足以纯化中国哲学,这很难视为一种健全的思路。在中西哲学的相遇已经成为一种本体论事实的历史条件下,以纯化的方式来研究中国哲学,只能是回到传统的经学式的疏解,这显然既不合理,也不可能。事实上,人类思维固然因东西方的不同历史背景而呈现不同的特点,但它面对的问题往往有相近之处;或者说,提问的方式及解决问题的思路有所不同,但问题的内涵又常常相通,后者为中西哲学之间的深层面的比较与对话等提供了可能。从这一意义上看,西方哲学作为一

---

[1] 刘述先:《有关理学的几个重要问题的反思》,钟彩钧主编:《国际朱子学会议论文集》(上册),(台湾)"中央研究院"中国文哲研究所筹备处1993年版,第270页。

种背景，不仅为"形式"的体系化提供了某种范式，而且"在实质"的方面亦构成了研究的参照系。①笔者赞同这样的观点，这就是东方与西方会通的原则。

在语言学界有一种变形律语法学（transformational grammar），它认为在较深的层次，各种语言都很相似，存在一种普同性，它们的差异是表面的。推而广之，可以认为在人类精神文化的其他领域，同样存在着深层的普同性，因此也就存在着比较与会通的可能。其实中国古代学者也已意识到了这一点，《周易·系辞传》有"天下同归而殊涂，一致而百虑"的说法，心学则坚信"心同此理""一本万殊"。陆九渊曾云："东海有圣人出焉，此心同也，此理同也。西海有圣人出焉，此心同也，此理同也。南海、北海有圣人出焉，此心同也，此理同也。千百世之上至千百世之下有圣人出焉，此心同也，此理同也。"②王阳明亦强调"此心同，此理同……虽百虑殊途，同归一致"③。由此可以推论东西哲学和文化有深层次的"同归一致"之指向。黄宗羲则更以"海"与"水"为喻，指出："夫道犹海也，江、淮、河、汉以至泾、渭蹄踄，莫不昼夜曲折以趋之，其各自为水者，至于海而为一水矣。"④"其各为水"为浅层的"殊途"，"至于海而为一水"则是深层的"一致"。

从学术视野的角度理解，东西之差异正所谓"一本而万殊"⑤；差异之会通即所谓"同归而殊涂，一致而百虑"。这又从不同的角度印证了东西会通的必然与可能。我们需要注意的是中西文化心理深层结构的可比性与文化价值标准的不可通约性的辩证统一。

本真与本心

不折不扣的本真是无法言传、无法想象的，老子和玄禅已表达了这样的立场。本真只可意会不可言传，他人言传的对本真的理解

---

① 参见杨国荣：《心学之思：王阳明哲学的阐释》，生活·读书·新知三联书店1997年版，第314—315页。
② 陆九渊：《年谱》，《陆九渊集》卷三十六，钟哲点校，中华书局1980年版，第483页。
③ 王守仁：《答甘泉·己卯》，《王阳明全集》卷四，吴光等编校，上海古籍出版社1992年版，第173页。本书以下凡引该书，均简称《全集》，并采取随文夹注的形式，注明篇名、卷数及页码。
④ 黄宗羲：《明儒学案·序》，沈芝盈点校，中华书局2008年版，第7页。
⑤ 黄宗羲：《明儒学案·发凡》，沈芝盈点校，第18页。

和诠释，在我的接受中又成了我的体会和理解，本真始终在我的体会中澄明或呈现，也即"真体证会"。信仰上可以承认绝对的、普遍的本体，实存上只有缘在的本真体验。而且绝对的客观态度或客观的真理是不存在的，尼采即认为认识论与存有论是不可分的，认识即是存有，存有即是认识，他的"透视主义"（Perspectivism）即反对纯客观的立场。伽达默尔在《真理和方法》中也强调理解是本体论的，这就是说理解揭示并表现真实。成中英则把理解看作是对一个用以阐明或揭示真实的陈述、观念或思想的体系的需求，用来确立本体。本体论和理解之间一定始终相互作用着，结果本体论引发了更透彻的理解，而理解又使本体论更具揭示性。① 存在的本真意义即在此在的理解和揭示中澄明，此在的本源性理解即存在本体的呈现，也即真体证会。

用心学的术语，"此在"即境域中源发性的"真我本心"，王阳明所谓"六经者，吾心之记籍也，而六经之实则具于吾心"（《稽山书院尊经阁记》，《全集》卷七，第255页），"凡看经书，要在致吾之良知，取其有益于学而已。则千经万典，颠倒纵横，皆为我之所用"（《答季明德》，《全集》卷六，第214页），黄宗羲所谓"先儒之语录，人人不同，只是印我心体"②，都可生发出这样的意思。因此，任何本真的理解都是基于本心的理解，我的诠释，只能代表我的体验与理解。

在笔者看来，哲学、美学这一类人文学科不同于自然科学和社会科学的特殊性正在于，它们研究的是与人自身相关的具有主体性、个体性和独特性的价值，因此，它特别需要个体化、自性化的感受、理解与表达，甚至，它并不追求他人的认同。席勒如是说："人本主义就是对于以下这个见解的系统一贯和有方法条理的发挥：每一种思想都是一种个人的行为，作这个行为的是某个思想者，而对于这个行为是可以要让他负责的。"③ 同样的立场也为中国当代学者所强调："今天我们谈论终极关怀，我就更愿意强调它的个人性，具体地说就是：

---

① 参见成中英主编：《本体与诠释》，第15—17页。
② 黄宗羲：《明儒学案序》，徐世昌等编纂：《清儒学案》卷二，沈芝盈、梁运华点校，中华书局2008年版，第68页。
③ 席勒：《人本主义研究》，麻乔志译，上海人民出版社1966年版，第177页。

一、你只能从个人的现实体验出发去追寻终极价值；二、你能追寻到的，只是你对这个价值的阐释，它绝不等同于终极价值本身；三、你只是以个人的身份去追寻，没有谁可以垄断这个追寻权和解释权。正是在这个意义上，我相信人文学者在学术研究上最后表达出来的，实际上也首先应该是他个人对于生存意义的体验和思考。"① 这也就是笔者所理解的本真与本心证会的原则。

因此，以"史"的精神，对所研究的古人作尽可能的"了解之同情"，设身处地地进入其所表达或陈述的境域；以"通"的视域，对所涉及问题所东西理路会通的观照；以"识"的见地，对所涉及的问题作基于"本心"体认的"一以贯之"之诠释，这将是笔者在探讨阳明心学的美学智慧时的基本取向。

---

① 张汝伦、王晓明、朱学勤等：《人文精神寻思录之一——人文精神：是否可能和如何可能》，《读书》1994年第3期，引文为王晓明先生语。

第一章

此心光明——阳明的人生历程与生命境界

> 纵浪大化中，不喜亦不惧。应尽便须尽，无复独多虑。①

这是陶渊明《形影神》诗中的名句。他没有想到，数百年以后，有一位卓绝的哲人，用自己超越自得的人生，真实地成就了这首诗中的人生境界。

生命启示

明世宗嘉靖七年十一月二十九日（公元1529年1月9日），有明一代精魂、心学的集大成者王阳明在江西南安（今大余县）溘然离世，时年五十八岁。临终的时候，门人问遗言，阳明平静地回答：

> 此心光明，亦复何言！（《年谱三》，《全集》卷三十五，第1324页）

言毕，便瞑目而逝。一颗跃动的心灵就此停止了跳动，一个卓绝的哲人就此离世人而去。今人如此评价阳明的逝去：

> 须知一个光辉洁白的人格，他的一生言行事业，句句是遗言，事事是遗范。阳明临终的话，正是他一生最恰当的表白。这样的人物，是永远令人仰念不置的。②

阳明大弟子钱德洪在《答论〈年谱〉书》中对恩师的一生有这样的体悟：

> 生死毁誉之念忘，则一体万化之情显。③

本书取名"一体万化"，即来源于此。阳明的哲学是心学，以心

---

① 陶渊明：《形影神·神释》，袁行霈笺注：《陶渊明集笺注》卷二，中华书局2003年版，第67页。
② 蔡仁厚：《王阳明哲学》，（台湾）三民书局1992年版，第193页。
③ 钱德洪：《答论〈年谱〉书》，《徐爱 钱德洪 董沄集》，钱明编校整理，凤凰出版社2007年版，第206页。

为本体，此间"一体"即心体，世间万事万物是"万化"，万事万物通过本心万化，透显出一个光明的世界。阳明的心体是光明莹澈的，充溢着生命的光辉，留给后人悟之不尽的智慧。清人马士琼对王阳明的一生充满了崇敬与激赏："古今称绝业者曰'三不朽'，谓能阐性命之精微、焕天下之大文、成天下之大功。举内圣外王之学，环而萃诸一身。"（《王文成公文集原序》，《全集》卷四十一，第1620页）这绝非溢美之言，而是后人对阳明由衷的称道。

阳明的人格，真是仰之弥高；阳明的智慧，真是体之无尽。作为阳明的同乡，我在攻读博士学位时，与这位前辈作了隔世的交谈。本人不但在学理上获得了莫大的启示，更在人格上产生了由衷的认同。有关阳明的哲学、事功之学，学人们已经谈过许多许多了，我要接着谈的是，阳明心学的美学智慧。阳明主要不是一位美学家，在那个时代更谈不上美学的概念。但他的一生，的的确确是充满人格美光辉的一生；他的智慧，的的确确可以给当代美学莫大的启示。

当代大儒钱穆先生这样理解阳明学说由来与宗旨：

> 原来王学的萌芽，他良知学说的根柢，是有生命的，是有活力的，是那样地执着，那样地跳脱，从多方面的兴趣，复杂的经验中流变出来的。他有热烈的追求，有强固的抵抗；他从恳切的慕恋里，转换到冷静的洗伐，又从冷静的洗伐里，转换到恳切的慕恋。他狂放地奔逐，他彻悟地舍弃。他既沉溺，他又洒脱。他的良知，决不是现成的东西，也不是平易简单的把戏，更不是空疏无着落的一句话。要研究王学的人，不要忘了他成学前的一番经历。他说立志，说诚意，说事上磨炼，知行合一，说易简说真切，他说的一切，要把他自己成学前的种种经历来为他下注释。忘了他的实际生活，来听他的说话，永不会了解他说话的真义。听了他的说话，忘了你自己的时间生活，更不会了解他说话的真义。[①]

阳明的一生，是知行合一的一生，阳明的智慧，全来自其真实

---

① 钱穆：《王守仁》，台湾商务印书馆1984年版，第41—42页。

人生的真切体验。因此，谈他的心学的美学智慧，就不得不对他的人生历程和生命境界有个基本的了解。

灵光透显

钱穆先生曾对阳明的早年生活作过一番激情洋溢的写照：

> 阳明是一个有多方面有趣味的人，在他的内心，充满着一种不可言喻的热烈的追求，一毫不放松地往前赶着。他像有一种不可抑遏的自我扩张的理想憧憬。他的内心深处，隐隐地驱策他奋发努力。他似乎是精力过剩，而一时没有找到发泄的出路。他一方极执着，一方又极跳动，遂以形成他早年期的生活。①

阳明智慧的灵光，在其少年时代就已经透显出来了。

少年赋诗

传说阳明母亲因梦见瑞云降身而怀上了他，故父亲起初给他取名叫"王云"。然而阳明一直到五岁还不会说话，后遇见一位蓬头丐面的道士，对其父亲说："天生一个好坯子，可惜被道破了！"阳明父亲猛然有所领悟，即把儿子改名为"守仁"。结果，名字一改，阳明就会说话了。这个故事当然只能作为传说，但透露出阳明生来与众不同的信息。

阳明虽会说话较迟，但从小聪慧过人。《年谱》记载他十一岁时，随祖父竹轩翁到北京去，路过金山寺，竹轩翁和客人即景赋诗，众人正沉吟间，小阳明在旁边先脱口而出：

> 金山一点大如拳，打破维扬水底天。醉倚妙高台上月，玉箫吹彻洞龙眠。

客人们大为惊异，对如此小子的诗才将信将疑，于是又出题叫

---
① 钱穆：《王守仁》，第36页。

他作《蔽月山房》。阳明又随口应道：

> 山近月远觉月小，便道此山大于月。若人有眼大如天，还见山小月更阔。

如果说，前一首诗可见出阳明的才思敏捷，后一首诗则已经透显出他从小过人的哲学思辨、超异常人的胸襟眼界。

阳明父亲很为他豪迈不羁的性行担忧，便为他请了塾师，想对他严加管教，以图日后在科举上有所成就。哪知十二岁的阳明已对陈腐的科举时文感到不耐烦，有一天直接向塾师提出这样的问题：

何为第一等事？

塾师的回答是："惟读书登第耳。"阳明却不以为然："登第恐未为第一等事，或读书学圣贤耳！"（以上均见《年谱一》，《全集》卷三十三，第1221页）可见在他幼小的心灵里，已有了做世上第一等事的雄心，而且在他看来，读书中举乃是俗事，并非第一等大事，他要做的第一等事是学圣贤，完成自己的德性人格，顶天立地做"富贵不能淫，贫贱不能移，威武不能屈"的大丈夫。这种志向，固然与古人崇尚圣贤的普遍意识相关，但确实透露出阳明从小有"超凡入圣"的出尘之志。

婚夜论道

十七岁的秋天，阳明奉命从浙江家乡到江西南昌迎亲。成婚之日他随心迈步，无意间走进一座道观——铁柱宫，看到一位道士正在打坐。阳明因着那不可羁束的好奇心与浪漫的情趣，便向道士叩问养生之术，并试着与道士对坐。不料因着他那认真而执着的性情，竟然一坐忘归。他岳父见新婚之夜新郎失踪，赶紧派人寻找，一直到第二天早晨才把新郎找到。世人把"洞房花烛夜，金榜题名时"作为男人两大快事，阳明竟然把两者都不放在心上。在常人如果这样行事，一定是荒唐之至，而在阳明，却由于他的近于天真的执着，一念真挚，全无作假，反而显出十分的可爱。其出尘之志趣、超人之性情，一如其真地朗显，真是活泼泼一个超俗拔群的真性情之人!

居庸习射

阳明从小禀性"英毅凌迈,超侠不羁"①,孩提时代就"以豪杰抗志为学"②。十五岁时随父亲出游居庸关,便慨然兴起"经略四方之志"。在不到一个月的时间里,他留心兵法,遍习骑射,查看塞外地理形势,研讨防御策略,以致"逐胡儿骑射,胡人不敢犯",俨然呈现少帅风范。有一天,他梦见伏波将军马援之庙,当即赋诗曰:"卷甲归来马伏波,早年兵法鬓毛皤。云埋铜柱雷轰折,六字题文尚不磨。"(《年谱一》,《全集》卷三十三,第1222页)在阳明眼里,腐儒固无足称道,状元也不过一代风光,唯有疆场功名方能流芳百世,表现出对建功立业的强烈渴望。他曾经说:"儒者患不知兵。仲尼有文章,必有武备。区区章句之儒,平日叨窃富贵,以词章粉饰太平,临事遇变,束手无策,此通儒之所羞也。"③宋明理学家常常被后人看作是"平时袖手修性命,临危一死报君王"的腐儒,而王阳明却是例外,他的武韬兵略、事功成就绝不亚于将帅重臣。在整个传统中国的大哲学家中,哲学思辨与武韬事功如此并驾齐驱、双璧生辉的,除王阳明外,实不多见。日后阳明的事功成就,在少年已可见端倪。

旅途问学

十八岁时,阳明携新婚夫人回浙江,路过广信(今江西上饶),特地去拜谒当时的大学者娄谅(号一斋)。娄一斋为他讲了宋儒格物之学,并勉励他:"圣人必可学而至。"阳明听了,深会于心,由此开始走上研读儒家心性之学的路子。(见《年谱一》,《全集》卷三十三,第1223页)唐一庵曾述说阳明:"自少负奇气,不欲为俗学所困,乃遍求百家二氏(佛道)。有所得,辄察其敝,辄逃之他求。如是者数过,乃独得不传之绪。"④阳明从小就有格物致知、成就圣

---

① 王畿:《滁阳会语》,《王畿集》卷二,吴震编校整理,凤凰出版社2007年版,第33页。
② 章太炎:《王文成公全书题辞》,《太炎文录续编》卷二上,《章太炎全集》(第5册),黄耀先、饶钦农、贺庸点校,上海人民出版社2014年版,第110页。
③ 冯梦龙:《王阳明出身靖乱录》,浙江古籍出版社2015年版,第10页。
④ 唐枢:《国琛集》卷下,商务印书馆1937年版,第127页。

贤的志向，自此则自觉地跨入宋儒正宗的格物致知学问的大门，"遍求考亭（朱熹）遗书读之"（《年谱一》，《年谱》卷三十三，第1223页），直至最终接上中国心性哲学的主脉，开启心学的宏阔境界。旅途问学这番经历，对阳明产生了终生的影响。

龙场悟道

黄梨洲在《明儒学案》卷十《姚江学案》中有这样一段话：

> 先生之学，始泛滥于词章。继而遍读考亭之书，循序格物。顾物理吾心，终判为二，无所得入。于是出入于佛老者久之。及至居夷处困，动心忍性，因念圣人处此，更有何道？忽悟格物致知之旨。圣人之道，吾性自足，不假外求。其学凡三变而始得其门。①

这是对阳明早年求学、学术思想形成过程的概括描述。阳明前期的求学历程与思想转变，经历了"泛滥词章""出入佛老""龙场悟道"三个阶段。

泛滥词章

阳明是一个有多方面兴趣的人，他生命中似乎有一种不可遏制的力量，鼓舞他执着地追求性情所至的每一件事。在庭院格竹失败后，他感到圣贤须有天分，暂时不是己辈能及，于是转换兴趣，先去研究词章文学。他在二十二岁和二十五岁时参加两次会试均落第，有一位同舍的落第举子为未能中举感到羞愧，阳明却对他说："世以不得第为耻，吾以不得第动心为耻。"（《年谱一》，《年谱》卷三十三，第1223—1224页）根本不把科举得失放在心里。他回到家乡余姚，组织诗社，"文成才情振拔，少年颇擅风雅"②，在文学上展现才华。有位同乡前辈魏瀚，向来以文才自负，而当他与阳明对诗弈句时，凡是有佳作，几乎全是阳明所得。魏瀚不得不心服口服

---

① 黄宗羲：《姚江学案》，《明儒学案》卷十，沈芝盈点校，中华书局2008年版，第180页。
② 陈子龙、李雯选评：《皇明诗选》卷三，华东师范大学出版社1991年版，第176页。

地说："后生可畏，老夫当退避三舍。"

后来，阳明中了进士，更是文才飞扬，与当时的诗文名士乔宇、汪俊、李梦阳、何景明、顾玲、徐祯卿、边贡等人诗赋相与，"以才名争驰骋"（《阳明先生行状》，《全集》卷三十八，第1407页）。四库馆臣在《四库全书总目》中如此评价阳明的文学成就："守仁勋业气节，卓然见诸施行，而为文博大昌达，诗亦秀逸有致，不独事功可称，其文章自足传世也。"① 可惜阳明的最终志趣不在文学，否则明代前后七子的名声将可能由阳明来引领；也可惜阳明的心学及事功的影响实在太大，掩抑了他在文学上的才情名声，使世人终不能将他以诗人目之。其实，作为诗人，阳明乃是一等的诗人；作为才子，阳明无愧为一等的才子。

出入佛老

阳明的生命旨趣，到底不在词章，终究不能以舞文弄墨为满足。他认识到"辞章艺能，不足以通至道"（《年谱一》，《年谱》卷三十三，第1224页），于是，生性磅礴的兴趣又发生了转向。另一方面，嫉贤妒能的社会时弊，也使阳明的满腔抱负、无尽才华得不到施展。于是，他又产生了出世求仙、悟心求禅的念头。与佛道高人的交往与接触，对其形成脱俗的思辨智慧产生了直接的影响。"长遨游于碧落，共太虚而逍遥。"（《九华山赋》，《全集》卷十九，第659页）"尘网苦羁縻，富贵真露草。不如骑白鹿，东游入蓬岛。"（《登泰山四》，《全集》卷十九，第670页）这些诗句，流露出阳明出尘之趣。

据《年谱》记载，阳明三十岁时因公事之便游九华山，听说有位道士善于谈仙，阳明前去求教。他先以客礼相待，请教仙道，道士说："还没到时候。"阳明便屏退左右，走到后亭，再拜而请教，道士仍说："还没到时候。"阳明执着地再三请教，道士说："你从前堂到后亭，礼虽然很隆重，但始终不忘官相。"阳明恍然有所悟，便一笑而别。九华山地藏洞有位异人，"坐卧松毛，不食火"。阳明知道后又激起好奇心，攀岩越险去看他。到达时，那人正在酣睡。阳明抚其足，那人惊醒道："路险，何以至此？"于是便对他谈起了佛

---

① 永瑢等：《四库全书总目》卷一百七十一，中华书局1965年版，第1498页。

家最上乘的道理，并称赞"周濂溪、程明道，是儒家两个好秀才"。后来阳明再去找他时，异人已杳无踪影，阳明怅然有"会心人远"之叹。(见《年谱一》，《全集》卷三十三，第1225页)

阳明在与佛道交往过程中，不仅仅是受佛道点拨启发，他也曾用儒道点拨出家人，使其幡然醒悟。有一天，阳明游寺庙，看见一个禅僧闭目无语，据说已经三年不说话了。阳明忽然对他大喝一声："你这个和尚，一天到晚口巴巴说些什么？眼睁睁地看些什么？"和尚大吃一惊，心想我三年不曾说过一句话，三年不曾开过眼，此人的问题好奇怪。于是不觉睁开眼，与阳明说起话来。阳明问他家里还有什么人，回答说："还有老母。"再问："想念吗？"回答说："不能不想。"于是阳明告诉他："爱亲是人之本性，怎么能用闭目闭口来堵塞爱亲之本性呢？"一番话把僧人说得感动涕零，第二天便回家了。阳明这种类似禅家棒喝的点拨之术，后来也经常用来点悟其弟子和学人。

阳明以爱亲之性点拨禅僧，他自己也不能忘情于思亲，在入世与出世之间经过一番激烈碰撞后，他终于明白如此泛滥佛道，"簸弄精神，非道也"(《年谱一》，《全集》卷三十三，第1225页)，终于悟出："大道即人心，万古未尝改。长生在求仁，金丹非外待。谬矣三十年，于今吾始悔。"(《赠伯阳》，《全集》卷十九，第673页)终于又返回儒家求圣贤之学。而他人生和学问真正的大觉悟，是在贵州龙场"居夷处困，动心忍性"之后。

龙场悟道

阳明"龙场悟道"是其格物思想的一个转折点，也是其心学智慧成型的关键时刻。从此，一代哲人立地而起，以全新的思路，开启了生命的全新境界。《年谱》对阳明龙场悟道的过程有较详细的记录：

> (先生)自计得失荣辱皆能超脱，惟生死一念尚觉未化，乃为石墩自誓曰："吾惟俟命而已！"日夜端居澄默，以求静一。……因念圣人处此更有何道，忽中夜大悟格物致知之旨，寤寐中若有人语之者，不觉呼跃，从者皆惊。始知圣人之道，吾性自足，向之求理于事物者，误也。(《年谱一》，《全集》卷三十三，第1228页)

阳明三十五岁时，武宗即位，宦官当道，时政极度黑暗腐败。阳明满怀正义，抗疏议政，结果触怒太监刘瑾，被廷杖后发配去贵州龙场（在今贵州修文县）。当时贵州是极其荒蛮险恶之地，虫毒瘴疠，荆棘遍地，苗民语言不通，亡命之徒四处出没——真是个"非人居处"。刘瑾又派人追杀，阳明几次险遭不测。辗转到达龙场时，已是他三十七岁的春天了。在赴谪地的险恶旅途中，阳明向壁间题诗：

险夷原不滞胸中，何异浮云过太空？夜静海涛三万里，月明飞锡下天风。（《年谱一》，《全集》卷三十三，第1228页）

阳明此时得失荣辱都已能超脱，唯有生死一念尚存。于是给自己做了个石棺，直面死亡，一切从命。真所谓"生死毁誉之念忘，则一体万化之情显"，阳明在这万念皆休的场合，日夜端居静默，渐渐胸中洒落，唯觉本心朗显。他猛然悟到："圣人之道，吾性自足。"一切的一切，均立足于自身的意志；一切的一切，均透显于本心的灵觉。阳明由此发现了"彻通人我物我之界限，而为人生宇宙之大本"的仁心真体。阳明心想，圣人到了这个时候，到了这种处境，也只能像我这样了吧！正是阳明的自信、自决、自立、自得，使他坚强地活了下来，而且还身居陋轩却称"何陋之有"，身陷困境却从容自得。

更重要的是，他的思想开始成熟，他的心学智慧灵光涌现。他发现，所谓"四书五经，不过说这心体"（《传习录上》，《全集》卷一，第14页），"四书五经"所讲的圣贤学问、生命哲学，皆系于一念之觉醒，离开本心真体，便没有圣贤学问，便没有生命哲学。一切道德理性，均对应于道德主体，主体只是本心。所以陆象山说"'六经'皆我注脚"，"六经"的千言万语，只不过是我的本心仁体的多方印证。如果说，"庭中格竹""山中观花"时阳明领悟或强调的是意义世界对应于心体而呈现，那么，在"龙场悟道"中，他领悟或强调的是道德世界对应于本心仁体而澄明。

境界圆成

黄梨洲在《明儒学案》中对成熟后的阳明境界圆成有如是描述：

> 自此（龙场悟道）以后，尽去枝叶，一意本原。以默坐澄心为学的。有未发之中，始能有发而中节之和。视听言动，大率以收敛为主，发散是不得已。江右以后，专提"致良知"三字。默不假坐，心不待澄，不习不虑，出之自有天则。盖良知即是未发之中，此知之前，更无未发；良知即是中节之和，此知之后，更无已发。此知自能收敛，不须更主于收敛；此知自能发散，不须更期于发散。收敛者，感之体，静而动也。发散者，寂之用，静而动也。知之真切笃实处即是行，行之明觉精察处即是知，无有二也。居越以后，所操益熟，所得益化。时时知是知非，时时无是无非，开口即得本心，更无假借凑泊。如赤日当空，而万象毕照。①

前面说阳明心学在形成过程中有"泛滥词章""出入佛老""龙场悟道"三变，这里是说阳明心学在学成之后又有"默坐澄心""致良知""圆熟化境"三变。按当代学者的理解，其前三变是异质的转变，后三变是同质的发展，是同一个系统的圆熟完成。②前三变使其从"泛滥词章""出入佛老"至"龙场悟道"，在生命的活泼跳脱与艰难体认过程中领悟"圣人之道，吾性自足"，上接中国心性学主脉，直入圣人之境域。而后三变则使其通过"默坐澄心"，证会本心真体，通过揭示"致良知"以本心良知自作主宰，即知即行，知行合一，并最终至"时时知是知非""时时无是无非""开口即得本心，更无须凑泊"的真我圆熟化境。这个化境，既是人生道德的化境，也是人生审美的化境。这是一种融道德境界与审美境界一体的"自然感而遂通，自然发而中节，自然物来顺应"（《传习录上》，《全集》卷一，第22页），"乐天知命""无入而不自得"的最高境界。

---

① 黄宗羲：《姚江学案》，《明儒学案》卷十，沈芝盈点校，第180页。
② 参见蔡仁厚：《王阳明哲学》，第13页。

默坐澄心

阳明在濒临生死、百折千难中大彻大悟之后,有如经历了一场大病。元气初复,需要调养生息。此时阳明安心静养,默坐澄心,在收敛涵察过程中辨识何者是真我(本心真体),何者是假我(习气私欲)。让真我如如地呈现,将假我昭昭地剔出,在"事物分拏"中澄明本心真体。《年谱》有几段文字可印证阳明这个涵察体认过程:

> 悔昔在贵阳举"知行合一"之教,纷纷异同,罔知所入。兹来乃与诸生静坐僧寺,使自悟性体,顾恍恍若有可即者。……所云静坐事,非欲坐禅入定也。盖因吾辈平日为事物纷拏,未知为己,欲以此补小学收放心一段功夫耳。
>
> ……………
>
> 学者欲为圣人,必须廓清心体,使纤翳不留,真性始见,方有操持涵养之地。……若常人之心,如斑垢驳蚀之镜,须痛刮磨一番,尽去驳蚀,然后纤尘即见,才拂便去,亦不消费力。到此已是识得仁体矣。(《年谱一》,《全集》卷三十三,第1230—1231页)

阳明在龙场悟道后第二年,应聘主讲贵州书院,开始提出"知行合一"的理论,但由于从学者没有经历过涵养省察的工夫,对于阳明提出的"知行本体"(即良知本体,亦即心体)无从把握,对"知行合一"的道理体认不深。阳明于是让从学者采取默坐澄心的方式,以察识真我、假我,体认真知、假知,把握真行、假行。这番工夫,在形式上与禅家静坐相似,实质上却有很大不同。禅家静坐是让人坐忘,而阳明则是让人在默坐中澄心,体认本心仁体,把握一念真觉。阳明教学生如此,自己更知行合一、身体力行,终致"致良知"学说的圆成。

知行合一

"默坐澄心"强调的是一种"心上工夫",让人去除心翳,体认真我。值得注意的是,阳明虽然主张默坐澄心、直觉顿悟,却又反对"空虚顿悟",反对极端化的心上工夫即"光景工夫",强调"顿悟"与"践履"的内在合一,"心上工夫"与"事上工夫"的合一,提倡"体究践履,实地用功"的"真切工夫",这就使他又超越佛、老而返回了儒家的立场。他认为:"区区格、致、诚、正之说,是就学者本心日用事为间,体究践履,实地用功,是多少次第、多少积累在,正与空虚顿悟之说相反。"(《传习录中》,《全集》卷二,第41页)在他看来,本心仁体须通过缘机体认、直觉顿悟,使其在本心澄明,更须通过"体究践履,实地用功",使其在现实中落实,因此"致良知便是必有事的工夫","人须在事上磨炼做功夫,乃有益","若离了事物为学,却是着空"。(《传习录下》,《全集》卷三,第123、92、95页)钱明先生指出了这样一个事实,阳明在《传习录》上卷比较强调"心上工夫",而在《传习录》下卷却转而重视"事上工夫"。① 确实,就其思想发展的历程,阳明在更成熟期已不主张悬空地去"默坐澄心",而是专提"知行合一"和"致良知"。

阳明四十五岁任都察院左佥都御史,巡抚南赣汀漳等处。直至五十岁,他基本都在江西。这是阳明学问事功的鼎盛时期,他平诸寇,擒宸濠,建书院,办乡学,立仓社,树民规,移风易俗,随事尽道,知行合一的成就登峰造极。

良知化境

阳明五十岁时,正式揭示"致良知"三字口诀,以此作为其心学的根本宗旨,至此,他的生命和学问均进入圆熟的化境。阳明自述其"良知"之说"实千古圣圣相传一点滴骨血也","某于此良知之说,从百死千难中得来,不得已与人一口说尽。只恐学者得之容易,把作一种光景玩弄,不实落用功,负此知耳!"(《年谱二》,《全集》卷三十四,第1279页)

阳明解《大学》之"致知"为"致良知"。"致"是推致、扩充之意。"格物"则解为"正物"。而物者,事也,即"意之所在",事是行为的始终过程。吾心之良知,不但知是知非、知善知恶,而且是是非非、好善恶恶,所以良知即是天理。在他看来"良知只是个是非之心,是非只是个好恶,只好恶就尽了是非,只是非就尽了万事万变"(《传习录下》,《全集》卷三,第111页),"良知只是一个良知,而善恶自辨"(《传习录中》,《全集》卷二,第67页)。知了是

---

① 参见钱明:《阳明学的形成与发展》,江苏古籍出版社2002年版,第125—126页。

非，就尽了好恶，而善恶自辨，并可尽了万事万变。所谓"恻隐""羞恶""辞让"一应由是非之心决定，这种工夫真是"简易真切"！只要你不自欺，实实落落地依着良知去做，是便知是，非便知非，是便做是，非便去非；知善知恶，好善恶恶，善便存善，恶便去恶，你便能成就圣贤人格，体验道德快乐。这也就是真正的"知行合一"：知得真切，知得笃实，就是行；行得明觉，行得精察，就是知。"工夫不离本体，本体原无内外"（《传习录下》，《全集》卷三，第92页），这就是"知行本体"。

在良知境界中，良知即本心，本心即良知，顺天则而自慊，自慊中有天则，是非无须执着去知，善恶无须刻意去辨，一心朗现，通体莹彻，体无善无恶而境至善至乐，真可谓"无入而不自得"，无往而非乐。这是一种即道德而超道德、即审美而化道德的最高的理想境界。在这种境界中，真可谓"人心本体原是明莹无滞的，原是个未发之中。利根之人一悟本体，即是功夫，人己内外，一齐俱透了"（《传习录下》，《全集》卷三，第117页）。真正达到了本体与境界的合一，本体即境界，境界即本体，应然即本然，本然已应然，其间再无稍稍的欠缺。

阳明的人格境界就是道德境界与审美境界的浑然合一，而这一切均成就于他入世超俗、良知明觉、真切笃实、真诚恻怛的人生真性情体验。阳明在《答南元善》书中如此表达他的人生境界：

> 世之高抗通脱之士，捐富贵，轻利害，弃爵禄，决然长往而不顾者，亦皆有之。彼其或从好于外道诡异之说，投情于诗酒山水技艺之乐，又或奋发于意气，感激于愤悱，牵溺于嗜好，有待于物以相胜，是以去彼取此而后能。及其所之既倦，意衡心郁，情随事移，则忧愁悲苦随之而作。果能捐富贵，轻利害，弃爵禄，快然终身，无入而不自得已乎？夫惟有道之士，真有以见其良知之昭明灵觉，圆融洞澈，廓然与太虚而同体。太虚之中，何物不有？而无一物能为太虚之障碍。盖吾良知之体，本自聪明睿知，本自宽裕温柔，本自发强刚毅，本自齐庄中正文理密察，本自溥博渊泉而时出之，本无富贵之可慕，本无贫贱之可忧，本无得丧之可欣戚，爱憎之可取舍。……故凡有道之士，其于慕富贵，忧贫贱，欣戚得丧而取舍爱憎也，若洗目中

之尘而拔耳中之楔。其于富贵、贫贱、得丧、爱憎之相,值若飘风浮霭之往来变化于太虚,而太虚之体,固常廓然其无碍也。(《答南元善》,《全集》卷六,第210—211页)

这就是阳明良知澄明的生命境界。这种生命境界的基本特征是超越物我之隔,摆脱利害之求,良知自照,本心自澄,无可而无不可,无入而不自得,天地间无一物可牵滞,无一物可阻碍,其于世间一切利俗之相"若飘风浮霭之往来变化于太虚",真正是洒落自在,真正是自由自得!这是真性情、真生命、真境界实实落落的呈露。这种境界,不仅是至高的道德境界,更是超越一般道德规范的自由的审美境界。唯其如此,阳明在临终方能坦然喻世:"此心光明,亦复何言?"生得光明磊落,去得宁静平和,张载所揭橥的儒家最高人生境界"存,吾顺事;没,吾宁也"[1],在阳明身上得到了生动的写照。阳明生命境界的光明与自由,根基于他对本心良知的实落与自得,他的生命境界的道德和审美魅力,均来自本心良知的恒照与呈露。我们要了解阳明心学,自不能离开对其生命历程的体验;我们要领略阳明心学的美学智慧,更不能离开对其生命境界的证会。

---

[1] 张载:《乾称篇》,《正蒙》,《张载集》,章锡琛点校,中华书局1978年版,第63页。

第二章 本体工夫——阳明心学的理论品格

> 功夫不离本体，本体原无内外。(《传习录下》，《全集》卷三，第92页)

如何探讨阳明心学的美学智慧？首先要进入阳明的心学，了解阳明心学的理论品格和基本构架。阳明心学的根本宗旨是通过"致良知"成就道德人格，使人进入"无入而不自得"的精神境界。本心良知是其道德本体，"心上体认"与"事上磨炼"是其"致良知"的基本工夫；良知本体的灵明照觉，致良知工夫的缘机灵动、无滞无执，所求境界的活泼自得，均蕴含着审美的机缘，由此可以体认其心学美学智慧。

本体工夫论既为心学的基本理论品格，也就成了探讨阳明心学美学智慧的关键和根本切入点。

理论构架

本体—工夫—境界

阳明的学说是基于生命真性情体验的学说，他的美学是基于生命真性情体验的美学。他的心学与心学美学的根本宗旨与品格，可归结为以"良知"本体、以"致良知"工夫、以"无入而不自得"的人生境界为最终追求的道德生命和精神境界的学说。"良知"是其学说的本体，"致良知"是其学说的工夫，其最基本的精神是追究如何做人和做什么样的人，也就是如何引人进入"无入而不自得"的"圣人"境。本体—工夫—境界就是阳明心学的基本理论构架。

牟宗三先生指出，宋明理学的"中心问题首先在讨论道德实践所以可能之先验根据（或超越的根据），此即心性问题是也。由此进而复讨论实践之下手问题，此即工夫入路问题是也。前者是道德实践所以可能之客观根据，后者是道德实践所以可能之主观根据。宋、明儒心性之学之全部即是此两问题。以宋、明儒词语说，前者是本体问题，后者是工夫问题。""要者是在自觉地作道德实践，本其本心性体以彻底清澈其生命。"[①] 可以说，本体是其成己、成物、成圣的依据，工夫是其所以能成即化依据为现实的途径，境界则是本体

[①] 牟宗三：《心体与性体》（第1册），（台湾）正中书局1989年版，第8、6页。

"无所亏欠"的呈现；本体经由工夫澄明，澄明之境界即现实或当下之本体，本体与境界原本为一。

这种境界，以"诚"为"实理"，以"仁"为"生理"，以"乐"为"情理"；在这种具有层次性的境界系统中，"诚"是基础，"仁"是核心，"乐"是目的。也就是说，以对道德人生的审美体验为基本内涵和基本特征的"乐"是其心学范畴系统中表达理想境界的最高范畴，"无入而不自得"的"乐"的境界是其追求的最高人生境界。这种境界既是道德的境界，也是美学的境界。在这种境界中，道德与审美是有机的统一、内在的圆融。进入这种境界，离不开"乐"的本体体验，也离不开"乐"的体认工夫，本体与工夫原不可分，因此，这种心学是基于本体工夫论的道德性命之学，这种美学也是基于本体工夫论的精神自得之学。

存在本体

本体论探

以本体工夫论为阳明心学的核心思想，这是学界的定论，基于本体工夫论来探讨阳明心学的美学智慧，这是笔者体认的角度。这必然涉及对本体及本体论的探讨，因此，"本体论"是个绕不开的话题，不得不在此着些笔墨。

近几年有关"本体论"的讨论或争论几乎是众所周知的热门话题，对西语"Ontology"的译名及其合理合法性，质疑者有之，讨伐者有之，主张废弃者有之。然而，根据笔者的考察和体会，争论者们的立足点恰恰是反宾为主，或出主入奴的。对"本体论"译名的质疑者大体来自西学界，他们的基本观点是中国从来没有如"Ontology"所意含的"本体论"，因此应该废弃中国哲学中的"本体论"概念。

笔者的观点恰恰相反。诚然，对于"Ontology"，"本体论"的译名并不确切，或者是含有某种误导。据有的学者考证，最初把它译为"本体论"的是日本学者，从19世纪末到20世纪上半叶，日本哲学界普遍采用"本体论"这个译名，这影响到我国并延续到今天。然而这不意味着这份与西语约定不当的责任应该由中学来承担，或更而甚至，必须由中学来放弃古已有之的概念而顺应西学的意含。

合理的做法恰恰相反，应该还此概念以中学固有的原义而将西学的误译加以更正，也就是说，"本体论"还应是中学本体思想的理论，而"Ontology"则可如众多学者所强调的改为"是论"或"存在论"。因为，"本体"是中学古已有之的传统概念，而"存在"恰恰是西学的概念。在中国古汉语和中国传统哲学中很少有"存在"整词的用法，而"本体"作为整词则至少在宋明理学中已是一个核心的概念。

"本体"是中国传统哲学的中心概念。"本体"这一概念在古汉语中的使用情况是非常多样化的，而且这两个字原先是可以分开来用的，如"本末"之"本"、"本根"之"本"、"本性"之"本"、"体用"之"体"等等。"本体"一词在先秦主要有"本根""本心"的两层意思。《庄子·知北游》曰："惛然若亡而存，油然不形而神，万物畜而不知，此之谓本根。"这里本根就是本原、本体的意思。《孟子·告子上》："此之谓失其本心。"这样的本心就是指心的本然状态，也就是本体之心的意思。至于"本""体"二字合用为"本体"一词，较早见于西晋司马彪的《庄子·骈拇》注，注文在解释"而侈于性"时说："性，人之本体也。"①这里"本体"即是人的本性。

中国哲学中的本体论在其思辨特征上，是一种形上思维的探求。这种思维始于先秦老子。他提出"无名天地之始"（《老子》第一章）、"天下万物生于有，有生于无"（《老子》第四十章）的命题，以无形无名的道体作为世界的本原。但老子所理解的本原，乃"天地之根"，指世界的原初实体，具有世界生成论或发生论的意义，尚未获得本体论的内涵。但其提出的形上原则，后来影响颇大，经过庄子的阐发，到魏晋时期的王弼，终于将此原则推到本体论的领域，提出"天地万物皆以无为本"②的命题。此命题是说，一切有形的个体，从天地到万物，都以"无"为其存在的依据。将老子提出的形上原则同本体结合起来，将有无之辨，引向本体和现象之辨，当是王弼玄学的一大贡献。

---

① 郭庆藩：《庄子集释》卷四上，王孝鱼点校，中华书局2012年版，第312页。
② 房玄龄等：《王衍传》，《晋书》卷四十三，中华书局1974年版，第1236页。

理学本体

在中国哲学史上，对本体的自觉追求即本体论的自觉始于理学。理学奠基人程颐通过对《周易》原理的解释，在同玄学"贵无"论的斗争中，一方面吸收了王弼的"象生于义"因素，一方面又扬弃了"以道体为无"的观念，以"理"为本体的内涵，进而提出"体用一原"说："至微者，理也；至著者，象也。体用一源，显微无间。"① 从而将玄学派的本体论转化为理学派的本体论即理本论，为宋明时期本体论的学说奠定了基础。体用范畴，就易学传统说，本于孔颖达《周易正义》，其论道器关系说："以无言之，存乎道体；以有言之，存乎器用。"② 即以道为体，以器为用。微显范畴，本于韩康伯《系辞注》："事显而理微也。"③ 程氏依此解释象义或象理关系。认为理无形，其为体；象有形，其为用；有体必有其用，此即"体用一原"。理无形，隐藏在内部；象有形，显露在外部；理通过象显现出来，此即"显微无间"。

程氏提出的"体用一原"的本体论原则，对后代哲学产生了深刻影响，宋明哲学的三派，即理学派、气学派和心学派，无不以此原则来论证和完善自己的本体论体系。如张载说："太虚无形，气之本体，其聚其散，变化之客形尔。"④ 这里的"本体"是指本来恒定的状态。朱熹讲本体有三义：（1）"性之本体"："大抵人有此形气，则此理始具于形气之中，而谓之性。才说是性，便已涉乎生而兼乎气质，不得为性之本体也。"⑤（2）"形器之本体"："但即形器之本体而离乎形器，则谓之道；就形器而言，则谓之器。"⑥（3）"天理自然之本体"："性者，人所受之天理；天道者，天理自然之本体，其实一理也。"⑦ 朱熹所说三种本体的意义有层次的不同：天理自然之本体，指理本身；性之本体指性的本然；形器之本体指存在的根据。

---

① 程颢、程颐：《河南程氏文集》卷八，《二程集》，王孝鱼点校，中华书局2004年版，第582页。
② 王弼、韩康伯注，孔颖达正义：《周易正义序》，《宋本周易注疏》，于天宝点校，中华书局2018年版，第10页。
③ 王弼、韩康伯注，孔颖达正义：《宋本周易注疏》卷十二，于天宝点校，第455页。
④ 张载：《太和篇》，《正蒙》，《张载集》，章锡琛点校，第7页。
⑤ 黎靖德编：《朱子语类》卷九十五，王星贤点校，中华书局1986年版，第2430页。
⑥ 黎靖德编：《朱子语类》卷七十五，王星贤点校，第1936页。
⑦ 朱熹：《论语集注》卷三，《四书章句集注》，中华书局1983年版，第79页。

心学本体

王阳明则讲"心之本体",如云:"人心是天渊,心之本体无所不该,原是一个天,只为私欲障碍,则天之本体失了。心之理无穷尽,原是一个渊,只为私欲窒塞,则渊之本体失了。"(《传习录下》,《全集》卷三,第95页)"夫心之本体,即天理也。天理之昭明灵觉,所谓良知也。"(《答舒国用》,《全集》卷五,第190页)王阳明所谓心之本体即是良知,亦即先验的道德意识与当体自性。按牟宗三先生的理解,"他的本体,意即他的自体,他的当体自己,他的最内在的自性本性"①。蔡仁厚先生接着他老师解:"所谓'本体',意即'自体',是意指当体自己的实性,亦即最内在的自性本性。"②

在笔者看来,这里所谓本体是本来状态之义,也是应然状态之义。按其思辨的逻辑,本然即应然,应然即本然,心之本体既指心的本来状态,亦指心的应然状态;本然为逻辑本体,应然为理想境界,在王阳明,本体即境界,境界即本体,两者合而为一。在阳明哲学中,"本体"一词的含义是多种多样的,他对心之本体还有许多规定,如云:"知是心之本体""至善者心之本体""诚是心之本体""乐是心之本体""定者心之本体"等等。诚如牟宗三先生所说,"他这个最内在的自性本性在种种特殊的机缘上,便自然而自发地表现为各种不同的'天理'。"③可见,阳明的心之本体不是一个绝对范畴,而是变项述词。

概言之,在宋明理学中,张载主张气本体论,程朱主张理本体论,陆王主张心本体论,他们对本体内容的理解不同,但对本体作为终极的本然、超越的应然这一规定却是相通的。

新儒学本体

中国比较系统的本体论在当代新儒学家那里才得以完成,其中以熊十力先生的学说最为典型。熊十力的基本理路,仍是陆王心学,尤其是阳明心学的理路。他一生重复得最多的话是"吾学贵在见

---

① 牟宗三:《从陆象山到刘蕺山》,台湾学生书局1993年版,第218页。
② 蔡仁厚:《王阳明哲学》,第22页。
③ 牟宗三:《从陆象山到刘蕺山》,第218页。

体","体"是什么？又如何去见？或者说，什么是人的生命存在的本体、宇宙万物的本根及其生生不息的本源？如何以自己真实的生命去体认、透悟和证会它？这便是中国心性哲学尤其是阳明心学本体工夫论的核心问题。

在熊十力看来，"谈宇宙人生，若不澈悟本体，将无往不陷于戏论……凡否认本体者，只是迷滞迹象"①。他强调学不究体，自宇宙论而言之，万化无源，万物无本。学不究体，自人生言之，无有归宿。学不究体，道德无内在根源。学不究体，治化无基。学不究体，知识论上无有知源。②要言之，问学必"先立乎其大者"，"先得一本，而后可达万殊。此彻底语也"③。可以说，这是一种根于深切生命体验而又基于深刻哲理思辨的透彻之语，对于今日学界仍有警示意义。哲学是推究生命宇宙究竟原理的根本智慧，不求本体，何以为本？

按熊十力理解，宇宙本体不是超越于人类而独立的，吾人之真性遍为天地万物本体，天地万物之本体即吾人真性。"如宇宙人生，实不容割裂而谈。倘误将宇宙视为离吾人而独在，不唯人生渺如沧海一粟，绝无意义。而就真理上说，吾人之生命，即是宇宙之大生命，宇宙大生命，即是吾人之生命，实不可离而二之也。"④"吾人真性，即是宇宙真体，本来无二。"⑤本体之所以成为宇宙本体，首先在于它是一个"创生实体"，本体不离现象，就在现象之中，一切物都是本体的呈现，或者说，一切物都因赋予意义而澄明。天体、道体，指一切存在的根源、宇宙生化的本体；心体、性体，指人的生命本体、道德实践的主体，两者不仅是一回事，而且前者是后者的显发，也即在后者中澄明。"万物都是我心所感通的，万有都是我心所涵摄的，故一言乎心，即知有境，一言乎境，知不离心，我人的生命是整个的，若以为宇宙是外在的，而把他宇宙和自己分开来，那便把浑一的生命加以割裂。"⑥境因心而显现，故"唯吾人的

---

① 熊十力：《为诸生授〈新唯识论〉开讲词》，郭齐勇编：《熊十力学术文化随笔》，中国青年出版社1999年版，第8页。
② 熊十力：《哲学本体论的重建》，郭齐勇编：《熊十力学术文化随笔》，第30—31页。
③ 熊十力：《哲学本体论的重建》，郭齐勇编：《熊十力学术文化随笔》，第28页。
④ 熊十力：《为诸生授〈新唯识论〉开讲词》，郭齐勇编：《熊十力学术文化随笔》，第8页。
⑤ 熊十力：《哲学本体论的重建》，郭齐勇编：《熊十力学术文化随笔》，第29—30页。
⑥ 熊十力：《新唯识论》，黄克剑等编：《熊十力集》，群言出版社1993年版，第97—98页。

本心,才是吾身与天地万物所同具的本体"。① 因此,他的本体论具有中国传统心性论主导哲学的共性特征:"内在超越、整体动态、价值中心、生命本体","凸现了东方哲学关于宇宙人生的最高的智慧,那就是体证'本体界'或'物自身'的'性智',也就是本体理性、生命理性、道德直觉,用康德的讲法,叫'智的直觉'……熊氏哲学可引申出:'智的直觉'不仅在理论上必须肯定,而且是实践上必然呈现的。"他是"本世纪中国哲学史上敏感地觉察到必须重建'人类学本体论'和'道德形上学'的第一人"。②

还值得一提的是美国华裔学者成中英先生对中国本体论的研究。作为著名的分析哲学大师蒯因的弟子,成中英有着良好的西方哲学素养,而作为当代新儒学的代表人物之一,他对中国哲学又有着很深的体认与浸润。他认为"本体"是中国哲学中的中心概念,兼了"本"的思想与"体"的思想。本是根源,是历史性,是时间性;体是空间性、外在性。"本体"因之是包含一切事物及其发生的宇宙系统,更体现在事物发生转化是整体过程之中。因而"道"之一词是本体的生动写照,而"太极"之一词则为本体的根源含义。就实际运作来说,本体既能作为理解解释事物的观点,又能作为判断行为的根据。在此一意义下,我们可以说本体就是真理的本源与整体,真理就是本体体现于理、体现于价值。③

成中英对本体作了四个规定:"一是整体,可以是一个不可界定的whole,二是一个最初的根源,三是现存而源源不缺的发出生命力,四是内在于事物之中,但这又超越于个别事物之外。"④ 据他的比较,本体与现象之差别主要有下列数项:(一)本体为究竟实在,现象为本体之显露;(二)本体为不变之体,现象为变化之用;(三)本体表达为终极性之主词,现象表述为指述性之述词。⑤

终极识度

张祥龙先生注意到了海德格尔的终极识度与中国天道的相通之

---

① 熊十力:《新唯识论》,黄克剑等编:《熊十力集》,第83页。
② 郭齐勇编:《熊十力新儒学论著辑要·编序》,中国广播电视出版社1996年版,第22、27、23页。
③ 参见成中英主编:《本体与诠释》,第5页。
④ 成中英主编:《本体与诠释》,第134页。
⑤ 参见成中英:《中国哲学范畴问题初探》,《中国哲学范畴集》,人民出版社1985年版,第68页。

处，他把其归结为四点：1.非现成的识度。2.人间体验为理解之根。3.终极即构成境域（终极不再被视为任何一种什么，而只能是在一切什么都穷尽时所显露出的缘发境域。这样，也就不会引起求助于一个又一个更高级存在者的无穷后退。这终极境域只意味着一切现成者终结处的透亮或透悟，也就是人的最原本的领悟境地）。4.境域本身的消息（"缘在"的人就是由存在的缘发域造就，因而天然地能领会这境域本身的非现成消息。天一定有天意，至诚者可知几而得其消息）。① 这是很有见地的，只可惜他当时把这种比较的视域局限于比较早期的儒、道、禅而未及心学，甚至说："这时机化的终极观不能再被后来的玄学家、理学家、心学家们所领会，只能在各种被士大夫们视为雕虫小技的技艺中东露一鳞、西伸一爪了。"② 这恐怕至少是未能深解心学。在我看来，中国哲学的这种智慧之圆熟正在中晚明的心学。在阳明心学研究较为出色的学者中，陈来和杨国荣等都注意到了阳明心学本体及工夫思想与海德格尔存在主义及基本现象学的可比较之处，但有关终极识度的时机化或境域化阐述上似乎没有比张祥龙更为灵动。

综上所述，"存在"或"本体"这一概念在中西方的哲学语汇里有着非常复杂的含义，不仅中西之间的原本意含存在着很大差别，而且中西语汇在自身的演变过程中又发生了一定的变化。大概而言，西方传统本体论作为以"是"为核心范畴，逻辑地构造出来的哲学原理系统，与中国的"本体"概念有较大的差异，甚至如有的学者所言是"风马牛不相及"。而现代存在论认为"存在"或"本体"必须通过人的实际生存状态才能得到非概念化的原发理解，其基点由依据现成者的理论态度转向了依据生活本身的现象学态度，则与中国哲学尤其是心学的"本体"思想有着对话的可能。当然，现代西学的"后主体"视域与传统中学的"前主体"（指先秦儒道之学）或类似"后主体"（指心学）视域又有着深刻的差异。

人们往往在不同的角度和层次运用"本体"这个概念，以致产生了混淆的可能。有的从绝对终极的角度规定本体，因此本体只能

---

① 张祥龙：《海德格尔思想与中国天道：终极视域的开启与交融》，生活·读书·新知三联书店1996年版，354—363页。
② 张祥龙：《海德格尔思想与中国天道：终极视域的开启与交融》，第376页。

是宇宙的本体、逻辑的本体；而有的则从当下本然的角度规定本体，可能有多种类型的本体：艺术有艺术的本体，哲学有哲学的本体，它们是相对宇宙终极本体而言的"变项本体"或本体的变项述词，犹如宋明理学所借用禅宗的一个命题"月印万川"，一个"太极"而生发出无数个"太极"。当然，从西学"Ontology"的原义来规定，当下本然的理解显然是不能成立的；但从中学尤其是心学"本体"所包含"现成"与"当下"的意含理解，则当下本然的设定依然能够成立。

不管"本体"的含义如何复杂，如何有歧义，但有两点是可以肯定的：（一）从绝对终极的角度来规定，本体是指世界的终极存在，最终极的"有"，超越现象的形上本体；（二）从当下本然的角度来规定，本体可以指事物的最应然的实在，最可切实把握的本然。前者是超越形下的形上规定，后者是寓于形下的形上规定。

澄明工夫

存在如何呈现或澄明，西方现代存在论的思路是存在与诠释的结合；本体如何呈现或澄明，中国传统本体论尤其是阳明心学本体论的思路是本体与工夫的结合。前者将语言作为存在呈现之家，后者将工夫作为本体澄明之道；前者的方法重理解与阐释，后者的工夫重心上体认与事上磨炼；在此两者理路不同。然而前者为消除现成的概念化语言对存在呈现的障碍，把诗和艺术作为呈现真理之道，后者为消除"理障"对本真澄明的滞碍，把"悟"和"乐"的工夫作为本体澄明之道，则同样都含有走向美学的契机。

工夫论探

根据屠承先生的研究，[①]"工夫"一词，亦写作"功夫"，它出现在汉代以后，主要有三层意思：其一，谓工程夫役。《三国志·董卓传》裴松之注引司马彪《续汉书》："陇右取材，功夫不难。"[②]其二，谓作时所费时间和精力。《三国志·曹芳纪》："昨出已见治道，得雨当复更治，徒弃功夫。"其三，谓造诣、功力和素

[①] 参见屠承先：《本体功夫论》，杭州大学出版社1997年版。
[②] 陈寿：《董卓传》，《三国志》卷六，裴松之注，中华书局1982年版，第177页。

养。《南齐书·王僧虔传》："天然胜羊欣，功夫少于欣。"①在哲学的层面主要取第三层意思。

宋明学者又多把"功夫"释为道德践履或精神修养之义，如陆九渊的"易简功夫"等，即专指实现"本体"必备的功底和所需的手段、方法。而体用范畴被运到认识论、伦理学和方法论时，"体"就成了认识主体和道德本体，而"用"就成了为改善认识主体或实现道德本体而采用的修养手段和方法，亦即所谓"功夫"。这样体用范畴就等同于知行范畴，等同于本体工夫范畴；"体用合一"便与"知行合一""本体功夫合一"打通；就表现为要求人们通过"践履笃行""体认反证"去求真知、成圣人，以便"由体成用，由用识体"。

王阳明的本体功夫论，实际上就是他的良知和致良知的学说。其中，良知是本体，亦即心之本体，是心（或性）的本然状态；致良知是功夫，即指复心之本体的道德实践的具体方法和过程。王阳明把他的心即理本体论、知行合一的认识论、致良知的修养论紧密地结合起来，使宇宙—道德本体论和事物认识论、道德修养论成为一个内在的有机的逻辑统一体，主张通过致良知功夫去实现良知本体。

本体工夫

按王阳明之说，"功夫不离本体，本体原无内外。只为后来做功夫的分了内外，失其本体了。如今正要讲明功夫不要有内外，乃是本体功夫"（《传习录下》，《全集》卷三，第92页），本体"莫见莫显"，其实"无时无处，无始无终，只是此个工夫"（《传习录上》，《全集》卷一，第35页）。也就是说，本体即在工夫中澄明，舍此之外，并无现实的本体。因此黄宗羲接着说："心无本体，工夫所至，即其本体。"②这就是本体工夫。

在本体工夫论上，王阳明有"本体上说工夫"和"工夫上说本体"的不同提法。从"体用一原""心物不二"的原则出发，阳明自然确信"本体工夫合一"。然而逻辑本体与现实呈现"两在合一"

---

① 萧子显：《王僧虔传》，《南齐书》卷三十三，中华书局1972年版，第597页。
② 黄宗羲：《明儒学案·自序》，沈善洪主编，吴光执行主编：《黄宗羲全集》（第7册），浙江古籍出版社2005年版，第3页。

的思路使他时而偏重"体":"盖体用一源,有是体即有是用,有未发之中,即有发而皆中节之和。"(《传习录上》,《全集》卷一,第17页)时而偏重"用":"体微而难知也,用显而易见也。……君子之于学也,因用以求体。"(《答汪石潭内翰》,《全集》卷四,第146—147页)引申到本体工夫论上,他时而从"本体上说工夫":"合着本体的,是工夫。"时而从"工夫上说本体":"做得工夫的,方识本体。"(《传习录拾遗》,《全集》卷三十二,第1167页)据杨国荣先生的阐释,所谓从本体上说工夫,亦即对本体作先天的设定,并以此为工夫的出发点与前提;从工夫上说本体,则肯定本体固然是先天的,但并不是超验的,只有在后天的工夫展开过程中,先天的本体才能获得现实性的品格。工夫的展开过程,既与主体对本体的把握(化本然之知为明觉之知)及德性的培养相联系,又涉及主体赋予存在以意义(广义的意义世界建构)过程。①

阳明高足钱德洪在《传习录》下中记载了如下的一段重要论辩,即著名的"严滩之辩":

> 先生起行征思田,德洪与汝中追送严滩。汝中举佛家实相幻相之说。先生曰:"有心俱是实,无心俱是幻;无心俱是实,有心俱是幻。"汝中曰:"有心俱是实,无心俱是幻,是本体上说工夫;无心俱是实,有心俱是幻,是工夫上说本体。"先生然其言。(《传习录下》,《全集》卷三,第124页)

这就是著名的"严滩之辩"。看似玄妙的佛家语言,其实是深切地反映了阳明的本体工夫思想。正如杨国荣先生理解的,从逻辑上看,本体是工夫的先天依据,工夫以本体为出发点和前提,这样,从本体上说工夫,必须设定本体的存在("有心俱是实,无心俱是幻");从现实性上看,本体毕竟只是一种潜在的可能,它的呈现或澄明,离不开工夫的作用,唯有工夫在具体境域中的展开,本体方能呈现为真实的根据,获得切实的内容,因此,从工夫上说本体,就不能把本体看作既成的定在("无心俱是实,有心俱是幻"),而

---

① 参见杨国荣:《心学之思:王阳明哲学的阐释》,第10—11页。

是工夫中的缘境呈现,也即熊十力先生所言:"工夫做到一分,即是仁体呈露一分;工夫做到十分,即是仁体呈露十分。"①

钱明先生认为,阳明提出"致良知"工夫的目的有二:"去蔽"与"着实"。与此相应,致良知的工夫便具有两种功能:一是良知的显现与复归,二是良知的体认与落实。阳明把前者称为"心上工夫",后者称为"事上工夫"。对应于"心上工夫"的是"主静"与"主敬";对应于"事上工夫"的是"读书"与"磨炼"。阳明坚持的是心物一体、体用一源、内外合一、动静无间的"真切工夫",而拒斥"光景工夫"(即极端化的"心上工夫")和"效验工夫"(即极端化的"事上工夫")。②这样的理解应该是符合阳明本体工夫论原义的。

仁学智慧

"心上工夫"强调本心直觉的体认与感应,"事上工夫"强调道德身心的磨炼与实践,而这一切俱在实际境域中活泼泼地落实,时机化地澄明。这正是中国有关"终极识度"的传统智慧的圆熟境界。孔门仁学的智慧,原本在此。熊十力先生谈本心仁体,曾说"孔子答门下问仁者,只令在实事上致力。易言之,即唯与之谈工夫,令其由工夫而自悟仁体,却不曾克就仁体上形容是如何如何。一则此非言说所及,二则强形容之,亦恐人作光景玩弄"。因此,孔子"只随机感所触,而示以求仁的工夫","孔子盖谓真理当由人伦日用中实践而证得"。③熊十力的弟子牟宗三通过与康德伦理哲学的比较,用更具现代学术视野语言作了如下的表述:

> 就孔子的仁说,他是依其具体清澈精诚恻怛的襟怀,在具体生活上,作具体浑沦的指点与启发的。……孔子没有经过超越分解的方式去抽象地反显它,而之在具体清澈精诚恻怛的真实生命中去表现它,因而仁之为普遍的法则不是抽象地悬挂起来的普遍法则,而是混融于精诚恻怛之真实生命中而为具体的

---

① 熊十力:《论本心仁体》,郭齐勇编:《熊十力学术文化随笔》,第48页。
② 参见钱明:《阳明学的形成与发展》,第125—126页。
③ 熊十力:《论本心仁体》,郭齐勇编:《熊十力学术文化随笔》,第46、48页。

普遍，随着具体生活之曲曲折折而如水银泻地，或如圆珠走盘、遍润一切而不遗这种具体的普遍。它的先验性与超越性也不是反显地孤悬在那里的先验性与超越性，而是混融于真实生命中的先验性、具体的超越性。若说它是体，它是"全体在用"的体；若说它是用，它是"全用在体"的用。那具体清澈精诚恻怛的真实生命本身就是全幅是仁道的表现。①

张祥龙先生也正由此关节把握东方思想家的"终极识度"：按照它，终极存在和真理绝不会成为任何意义上的现成现象，不论是知觉的对象还是名相概念把握的对象。终极不像概念哲学家们讲的那样是最终不变的实体，而是意味着真生的本源。本源是无论如何不会被现成化为认知对象的，而只能在直接的体验中被当场纯构成揭示出来。中国古学的智慧认为概念化、观念化和表象化只能使我们从根本上被桎梏在"无明"的狭小境地之中，丧失掉体验终极实在的原发视野。只有在前概念或非概念——表象的直接体验中，终极实在和真理才有可能得到领悟。

孔子之"学"既非去学习关于现成存在者的知识，也不是脱离了人生日常经验和语言经验的冥会功夫，而是一种学"艺"，也就是涵泳于当场启发人的"时中"技艺（礼、乐、诗、书、射、御、数等）之中，从而使人在无形中脱开那或"过"或"不及"的、缺少原初视域滋润的思维方式，最终进入"从心所欲不逾矩"的缘发中和的至诚仁境之中。"仁"绝不只是一个道德原则，而是一个总能走出自我封闭的圈套而获得交构视域的"存在论解释学"的发生境界，与诗境、乐境大有干系。这就是不离人生世间而又能构成尽性尽命、诗意盎然的澄明境域。

在中国传统智慧看来，至诚之境、得道之境和透悟之境作为本体之境，既不是一种"什么"，也不只是一种"怎么"；既不是主观的，也不只是客观的；既不只是有，也不只是无；而只能是有无相生、主客相融、虚实不二而成就于人生体验中动人境界。

---

① 牟宗三：《心体与性体》（第1册），第117—118页。

智慧圆成

张祥龙先生指出了海德格尔思想与中国天道之间确有一个极重要的相通之处，即双方最基本的思想方式都是一种源于（或缘于）人生的原初体验视野的、纯境域构成的思维方式。这活境或原初视野不能被把捉为任何形上或形下者，却又不神秘，而是最明白地和可亲可近地时机化在人生体验之中。在笔者看来，在这方面，作为融儒、道、释一体，更彻底地贯彻了中国传统心性精神，又超越了程朱理学的二元论理析倾向，具有类似"后主体"思维智慧的心学智慧更值得关注。如果说在先秦儒道智慧中已奠定了中国哲学和美学思维智慧的基础，那么到阳明心学及其后学则是这种智慧的圆成。①

心学极为圆熟地体现了这种境界与工夫。按阳明的生命体验和心学的逻辑思路，可以说本体即工夫，工夫即体认，体认即生生之实现。心学的实践工夫是在人生实境中的活的呈现，心学的语言表达方式也是依语境时机的活的表达，所以一部《传习录》，一部《明儒学案》，必记学者之人生风范和当下体验，此间语言正是结合生活体验的实践之境和言语之境。

例如阳明反复强调体认良知无须"前知"，只须"知几"："实理之妙用流行就是神；其萌动处就是几。……圣人不贵前知。……圣人只是知几，遇变而通耳。良知无前后，只知得见在的几，便是一了百了。若有个前知的心，就是私心，就有趋避利害的意。"（《传习录下》，《全集》卷三，第109页）良知明觉，随感而应，故能自发而中节，自能尽了万事万变。"前知"仍是概念或成见，"知几"方是时机化的澄明。阳明大弟子王龙溪更在批评唐顺之时，对阳明心学良知在工夫中时机化呈现的要义作过一番精辟而生动的阐述：

> 适在堂遣将时，诸将校有所禀呈，辞意未尽，即与拦截，发挥自己方略，令其依从。此是挣入意见，心便不虚，非真良知也。将官将地方事体请问某处该如何设备，某事却如何追摄，便引证古人做过勾当，某处如此处、某事如此处，自家一点圆明，反觉凝滞。此是挣入典要，机便不神，非真良知也。及至议论未合，定着眼睛沉思一回，又与说起。此等处认作沉几研

---

① 张祥龙：《海德格尔思想与中国天道：终极视域的开启与交融》，第8—14页。

虑，不知此已搀入拟议安排，非真良知也。有时奋棹鼓激、厉声抗言，使若无所容。自以为威严不可犯，不知此是搀入气魄，非真良知也。有时发人隐过，有时扬人隐行，有时行不测之赏、加非法之罚，自以为得好恶之正，不知自己灵根已为摇动，不免有所作，非真良知也。他如制木城、造铜面、蓄猎犬，不论势之所便、地之所宜，一一令其如法措置。此是搀入格套，非真良知也。尝曰："我一一经营，已得胜算，猛将如云，不如着一病都堂在阵。"此是搀入能所，非真良知也。①

若是真致良知，只宜虚心应物，使人人各得尽其情，能刚能柔，触机而应，迎刃而解，更无些子搀入。譬之明镜当台，妍媸自辨，方是经纶手段。才有些子才智伎俩，与之相形，自己光明反为所蔽。口中说得十分明白，纸上写得十分详尽，只成播弄精魄，非真实受用也。

龙溪这一段话，真是精熟圆透。牟宗三先生在《王阳明致良知教》一书中称赞这段话是"致良知"工夫得到实际用心的生动例证。中国圣哲证会本体，从来不是隔离地言之，而是如其至真至实具体处而言之。本体无一刻而不呈现于具体事象之中，工夫所至即是本体。本心不能空讲，须就其具体而真切处指点之，即是良知，良知即具体真切处活泼泼地呈露流行。所以，证会良知本体之工夫，不能有"意见、典要、拟议安排、气魄、有所作、格套、能所"诸病，有此便足以阻碍本心良知活泼泼地呈现。真良知如"明镜当台"，致良知"只宜虚心应物""触机而应"，当下澄明。

通向美学

阳明的工夫论在道德实践的层面，已为学界足够的重视，而在审美智慧的层面，似为学界关注不足。在笔者看来，从美学的角度，有理由特别关注阳明"常快活便是功夫"（《传习录下》，《全集》卷三，第94页）的说法。在本体论上，阳明有"乐是心之本体"（《传习录中》，《全集》卷二，第70页）的命题，把"乐"作为本体澄明

---

① 王畿：《维扬晤语》，《王畿集》卷一，吴震编校整理，第7—8页。

的一种本然状态，而在工夫论中，又提出"常快活便是功夫"的见解。"良知现成，当下具足"，本体是无滞无碍、灵明跳脱的澄明之境，板滞勉强，意见执着，便失本体；工夫也应是"何等明白简易，何等洒脱自在"（《传习录中》，《全集》卷二，第83页）的洒落工夫，拘泥困顿，强探力索，终非真切工夫。明儒史玉池曾如此评点心学之境："言心学者，率以何思何虑为悟境。盖以孩提知能，不学不虑，圣人中得，不思不勉。一落思虑，便非本体。"① 这应该说是符合心学旨趣的。

按王阳明，"义理无定在"，"道无方体，不可执着"，因此，"圣贤论学，多是随时就事"，"须是因时制宜，难预先定一个规矩在"，"君子之酬酢万变，当行则行，当止则止，当生则生，当死则死，斟酌调停，无非是致其良知，以求自慊而已"，"日间工夫，觉纷扰则静坐，觉懒看书则且看书，是亦因病而药"。要之，就是"轻快洒脱""不累于心"。（以上均见《传习录》，《全集》，第12、21、84、19、73、11页）本心良知，实真如牟宗三先生所述是"一心之朗现，一心之申展，一心之遍润"②。蔡仁厚先生说："何思何虑并非'沉空守寂'之无思无虑，只是'不可着一分意思'、不可自私用智之意。致良知工夫到达纯熟之境，无一毫私意留滞，将自家生命从隐曲中翻出来，一切如平常，随时光明自在，便是何思何虑的境界。"③ 这种境界是自在的，这种工夫也即是快活的。这种自在境界与洒脱工夫必然伴随着自在超越的人生态度和情感体验，也就是接近于审美的态度和体验。

王阳明曾说"洒落为吾心之体，敬畏为洒落之功"（《答舒国用》，《全集》卷五，第190页）。"洒落为吾心之体"即"乐是心之本体"，洒落与敬畏的关系，是本体与工夫，也即境界与工夫的关系。说敬畏为洒落的工夫，其实还只揭示了宋明理学修养工夫的一面，而这一面是在将敬畏与洒落对待而言时所强调的。宋明理学尤其是心学人生境界的修养工夫还有另一面，也许是更重要的一面，那就是"乐"的工夫，也即"洒落"的工夫。通过洒落工夫达到洒

---

① 黄宗羲：《东林学案三》，《明儒学案》卷六十，沈芝盈点校，第1476页。
② 牟宗三：《心体与性体》（第1册），第49页。
③ 蔡仁厚：《王阳明哲学》，第155页。

落境界。

王阳明说过:"乐是心之本体,虽不同于七情之乐,而亦不外于七情之乐。"(《传习录中》,《全集》卷二,第70页)可见尽管这种"乐"从来就不是纯粹的美感体验或纯粹的形式美,它作为一种本体论的超越的体验,渗透着伦理的内容,但它毕竟以情感的审美式体验作为基本和必要的因素与特征。它超情感而不离情感,超理性而不失理性,是伦理与审美的高度统一。"悦则本体渐复矣"(《与黄勉之二》,《全集》卷五,第194页)则直接表明"悦"或"乐"既是本体状态的标志,又是进入这种本体状态的必由工夫。

正基于此,阳明弟子王艮更极端地强调:"乐是乐此学,学是学此乐;不乐不是学,不学不是乐;乐便然后学,学便然后乐。乐是学,学是乐。"① 使人生的道德修养与情感愉悦紧密结合。如果说"学际天人"标示着理学究其根本是一种本体论哲学,那么"学至于乐"则标示着心学究其内涵是情感哲学。"乐"作为一种自由心境的体验,不仅是人生最高境界的最重要标志,而且是实现这种境界的必由途径。用现代的语言来说,"乐"是在真、善、美及知、情、意高度统一基础上实现的心灵的自由体验与自由境界,又是实现这种自由境界的必由途径。德国古典美学家康德和席勒都把审美作为心灵自由的唯一标志以及实现这种心灵自由的唯一途径,阳明心学中的"乐"之本体与工夫范畴已包含了这样的美学意蕴。由此,从心学的本体工夫论导向心学美学,是其内在的意蕴,逻辑的必然。

---

① 黄宗羲:《泰州学案一》,《明儒学案》卷三十二,沈芝盈点校,第718页。

第三章 整合转换——阳明心学的理论贡献

乐是心之本体。

悦则本体渐复矣。（《与黄勉之二》，《全集》卷五，第194页）

阳明心学及其美学智慧的历史地位和影响，可以从两个层面进行把握：一是从中国传统文化精神或曰人文精神的宏观背景及显著品格，把握阳明心学对中国传统心性论尤其是儒家心性论的本体论整合，把握其心学美学对中华人文精神之化育品格的工夫论提升；二是从宋明理学的内在范畴及逻辑演变，把握阳明心学对朱熹理学的内在突破、其心本论对理本论的内在超越，把握其心学美学对明清美学和艺术思潮所产生的从本体论到工夫论的主导性影响。前者可称之为心性与审美哲学的整合，后者可称之为心性与审美哲学的转换。

心性整合

中华人文精神作为在"轴心时代"形成，影响了中华民族精神文化两千多年的一种主导性、共通性的文化精神，它的最显著特征是什么，或者说，它的根本旨归和基本工夫是什么？用《周易》的元典说，就是"人文化成"[①]，就笔者的理解和感受，一言以蔽之，那就是"心性化育"；说得更具体些，那就是通过艺术与道德的有机交融，以感受与体验为中介，实现对人性和人心的和谐化育，这就是中华人文精神的美育品格。

这种化育或美育品格，建立在心性本体和化育工夫的文化传统及理论基础上，阳明心学及其心学美学的意义就在于对这种心性本体和化育工夫作了自觉的哲学本体论和工夫论的整合。

美育品格

指出中华传统的精神文化或人文精神特别重视道德与艺术，重视人格理想的追求，或者说是以道德与艺术为两大基石，以人生境

[①] 语出《周易·贲卦·彖传》："刚柔交错，天文也；文明以止，人文也。观乎天文以察时变，观乎人文以化成天下。"

界为基本旨归，这并不是笔者的创见，而是已为许多学者所大体肯定了的观点。如徐复观先生认为中国文化"有道德、艺术的两大擎天支柱"①；钱穆先生指出"中国人之大智，则莫大于其能为人生制作礼乐"，因此"中国人生乃一礼乐之人生"，"亦可谓乃一文学人生，亦即一艺术人生"②；方东美先生认为"中国哲学家之思想，向来寄于艺术想象，托于道德修养"③，"中国人之宇宙，艺术之意境也"④；李泽厚先生更主张"审美而不是宗教，成为中国哲学的最高目标"，中国人追求的"天人合一"的境界，即是人与宇宙自然合一，尽性知天，穷神达化，从而达到最大快乐的人生极致的"审美境界"，这种情理交融、主客同构的"乐感文化"，正是中国的传统精神、中国的智慧。⑤

笔者要强调的是，与其把中华传统的精神文化或人文精神的特征归结为道德的或艺术的，不如把它归结为美育的。美育以道德人生为旨归，以艺术情感为途径，正是两者的融合；把美育作为中华传统精神文化或人文精神的基本品格，也许较之单言道德或艺术更契合中华传统精神文化的基本用心和总体特征，也更符合心学美学的基本用心和总体特征。

纵观中国传统艺术史和审美哲学史，作为中华传统文化基石的艺术，从来都不是纯粹以形式自足，满足于"为艺术而艺术"的艺术，而是载负着深沉的人生宇宙意识及其使命感，执着于"为人生"的艺术。这不但在作为中华传统文化之正统与主导、以入世济世为旨归的儒家艺术是如此，而且在作为与儒家互补、以超世出世为旨归的道家和佛家艺术也是如此。只不过前者是以催人奋发有为、导人入"性情之正"的方式来激励、规范人生，后两者则是以晓人无为而为、顺性自然或摆脱尘世名缰利锁乃至生死恩怨的方式来超度、

---

① 徐复观：《中国艺术精神·自叙》，春风文艺出版社1987年版，第2页。
② 钱穆：《中国文化特质》，深圳大学国学研究所：《中国文化与中国哲学1987》，生活·读书·新知三联书店1988年版，第35、40页。
③ 方东美：《哲学三慧》，蒋国保、周亚洲编：《生命理想与文化类型：方东美新儒学论著辑要》，中国广播电视出版社1992年版，第103页。
④ 方东美：《生命情调与美感》，黄克剑、钟小霖：《方东美集》，群言出版社1993年版，第366页。
⑤ 参见李泽厚：《试谈中国的智慧》，《中国古代思想史论》，人民出版社1985年版，第310—311页。

解脱人生。

台湾学人张肇祺先生曾这样概括中国传统美学和艺术与人生的关系：

> 美，不仅是知识的问题，和美的知识构架与理论的问题；甚至主要乃是人在观照"美"于宇宙和人的生命中所呈现的美的主体：人——人的"人文化成"的美之理想；"道"的各种层次之不断上升和充实的问题。①

这种概括是符合中国传统美学和艺术精神实际的。

另一方面，作为中华传统文化基石的道德也从来不是如康德所谓由"先验理性"或抽象的绝对的"道德律令"决定的意志自觉，而是融合在具体的人伦情境之中，由具体细微的"语默动静"来实践与体验的人生规范；它的最高境界不是进入对绝对理性的认同或自律，而是通过艺术化的中介，化外在的社会的规范为内在的个体的自觉与满足，既达到人生言语举止的艺术化与规范化，又不失洒落自得风范，是孔子所谓"从心所欲不逾矩"（《论语·为政》），是阳明所谓"自然感而遂通，自然发而中节，自然物来顺应"（《传习录上》，《全集》卷一，第22页），终至"时时知是知非，时时无是无非，开口即得本心，更无假借凑泊"②的真我圆熟化境。"善"必须以"乐"为内在体验，中国哲人在艺术中追求的是人格的道德境界，在道德中追求的则是人格的艺术境界。正如钱穆先生所说："文学必在道义中，而道义则求其艺术化。中国之人生乐处，即在是矣。此非中国之文化特质乎？"③艺术与道德的这种有机融合，正充分体现了中华人文精神的美育品格。

艺术趋于人生化和道德化，道德则趋于艺术化和审美化，两者的有机融合正成为中华传统文化精神的两大基石，这表明中华文化精神中蕴含着深刻的美育精神，蔡元培先生当年极力提倡"以美育代宗教"来建设中国的精神文明，正有其深刻的民族文化心理和文

---

① 张肇祺：《中国人之美的主体》，《哲学与文化》1986年第8期。
② 黄宗羲：《姚江学案》，《明儒学案》卷十，沈芝盈点校，第181页。
③ 钱穆：《中国文化特质》，深圳大学国学研究所：《中国文化与中国哲学1987》，第40页。

化精神的基础。这种基础正在于中华传统文化尤其是儒家文化的心性本体及其化育工夫思想，阳明心学及其心学美学的历史意义在于对这种心性本体及其化育工夫思想作了自觉而明确的本体论和工夫论的整合。

心本传统

心性学说，是中国哲学特别是儒家哲学的最基本的内核。从范畴的角度讲，"心"是中国哲学代表主体精神的重要范畴，"性"则是表示人的本质、本性的价值范畴。它既是本体论，又是价值观，儒家思想的其他方面，可以说实际上都只是心性说的展开和延伸。

据屠承先生的研究，儒家心性说具有如下的主要特点：1.以人为宇宙中心，强调人的地位、价值和作用；2.以人为社会主体，强调人格的自我完成和实现；3.以仁义礼智为性，强调道德理性的巨大力量；4.把人（社会）和自然看作是一个整体，主张其和谐统一；5.把心、性、情三者密切联系，主张其有机统一；6.把伦理学和认识论紧密相结合，主张其辩证统一。而主张内在的自我超越，即强调道德感情和伦理意识的主体性和自觉性，主张通过尽心、知性的道德修养过程，实现人的内在价值则成为其突出的特征。

宋明理学的心性本体论，正是融合了先秦儒家的先天自发人性论与内心修养相结合的心性论、汉唐儒家的宇宙本原的气化人性论和与其相应的道德修养方法结合在一起的性三品体用论，并改造了玄学的以无为本的性本体论和佛教的以佛性为心体、佛性外化为心用的心性体用论而产生的，它把人的自我价值提高到本体论的高度，充分体现了道德理性的自我超越意义。同时，它把自然界的"所以然之理"与人伦的"所当然之理"结合起来，从理气范畴进入心性范畴，以心性体用论（心性本体论）的思维模式，确立人的本质、地位和自我价值。

海外一些著名的华裔学者对中华人文精神的具体理解不可能完全一致，但他们对中华人文精神的最基本特色的概括却是大致接近的，那就是认为这种人文精神是内在的或内倾型的，它注重的是"向生命处用心"与"内在超越"。概言之，这种人文精神正是基于"向生命处用心"的心性本体和"内在超越"的化育工夫。

相比较而言，西方的文化精神是外向的，西方的人文主义也是外在的，由于超越经验的宗教及思辨的形而上学，都是以一绝对的意义来分别自然与超自然、人与神、主体与客体、心灵与肉体的，因此，西方精神文化中充分发达的是以纯理性分析为基础的唯理论和以彼岸信仰为基础的宗教论，他们的用心是趋向于外在的自然或超越的彼岸。而就中国文化哲学来说，自然被认定内在于人的存在，人也被认定内在于自然的存在，这样在主体与客体、心灵与肉体以及人与神之间便没有一种绝对的分歧，中华人文精神便把注意的趋向集中于内在的人生和人心，通过"向生命处用心"的体认与"内在超越"的工夫来求得人自身的解放及人与世界关系的和谐，这便是中华人文主义或人文精神的基础。它集中体现于《中庸》如此的表述：

> 天命之谓性，率性之谓道，修道之谓教。
> 唯天下至诚，为能尽其性，能尽其性，则能尽人之性；能尽人之性，则能尽物之性；能尽物之性，则可以赞天地之化育；可以赞天地之化育，则可以与天地参矣。

据现代学人的理解，这种人文精神的神髓，在于充量地内依于人的仁心，以超越地涵盖自然与人生，并普遍化此仁心，以观自然与人生之一切，兼实现之于自然与人生而成人文，而此仁心亦即是天心（唐君毅）。根据这种人文思想，一切人文本身，无不从天地大自然中来，亦仍必在此天地大自然中；换言之，天地大自然，亦即在人文中见。故即人自可见天，即人生可以见自然（钱穆）。因此，中华人文精神，追求的是"内在超越"的道路。孟子早就说过："尽其心者，知其性也；知其性，则知天矣。"（《孟子·尽心上》）据这种观念，人与天地是有机地融合在一起的，人性内涵永恒与超越的"天道"，"天道"可以在"尽性"中由"主"契悟与体会。"道心"不由"启示"得来，它是从"尽性"与"践仁"的实践生命过程中由"人心"内省、体会、契悟而得（杜维明）。

这种"内在超越"的文化精神，反映在人与自然的关系上，便产生"人与天地万物一体"的观念，主张"尽物之性""利用厚生"，尽量和天地事物协调共存，而不是征服；反映在人与人的关系上，便是以人伦为中心的人际自然关系，主张以家族为本位保持个人与社会关系的平衡与和谐；反映在人对于自我的态度上，便是强调价值自觉、个人修养，相信价值之源内在于一己之心而会通于他人及天地万物，重点在于每个人的内心自觉，自我修养的最后目的仍是自我求取在人伦秩序与宇宙秩序中的和谐（余英时），也即"性道合一""一天人，合内外"（钱穆）。概言之，这种文化精神重和合、重体验、重内在超越，其要义是通过对人与世界各种关系的恰当把握，通过对人自身的内在感受系统的合理调节，来恰如其分地化成天下。

这种文化即是心性文化，这种哲学即是心灵哲学。梁漱溟先生在《人生与人心》一书中，强调"说人，必于心见之……人心，人生，非二也"①。唐君毅先生认为，人生的根本在心，或者说，在精神。心是身的主宰，而身只是心的外壳，"以心统身，理乃自真"。②钱穆先生也对中国文化中的身心关系，做了如是的理解：

> 人生又可分为心生命与身生命两种。身是人类之小生命，仅以维持人类之大生命，故身生活实亦一手段人生，间接人生。心寄托在身，但心生活当为人之真生命所在，故乃直接人生，目的人生。③

徐复观先生更在《心的文化》一文中，称"中国文化最基本的特性，可以说是'心的文化'"，他从人生价值的根源分析入手，指出"中国文化认为人生价值的根源即是在人的自己的'心'"，因此在"形而上者谓之道，形而下者谓之器"中间还应添上一句"形而中者谓之心"。④蒙培元先生则称中国哲学在一定意义上说是"心灵哲学"，它从一开始就不把目光投向实在的物质世界，而是指向人自身，"它的着眼点在于人的心灵的存在及其价值和意义问题，包括心灵的自我实现以及超越"⑤，也即人生境界问题。陈来先生同样认为

---

① 梁漱溟：《人生与人心》，《梁漱溟学术精华录》，北京师范学院出版社1988年版，第71页。
② 唐君毅：《道德自我之建立》，台湾学生书局1977年版，第176页。
③ 钱穆：《中国文化特质》，深圳大学国学研究所：《中国文化与中国哲学1987》，第36页。
④ 徐复观：《心的文化》，李维武编：《中国人文精神之阐扬：徐复观新儒学论著辑要》，中国广播电视出版社1996年版，第112—114页。
⑤ 蒙培元：《心灵超越与境界》，人民出版社1998年版，第3页。
⑥ 陈来：《有无之境——王阳明哲学的精神》，人民出版社1991年版，第18页。

"中国哲学注重精神生活与心灵境界"⑥。这些见解可以说是深得中国传统文化及人文精神之基本用心和基本旨趣的。

就本体论的思路说,中国哲人的思考传统不是从绝对客体着眼,纯客观的宇宙本体论在中国历史上向来不够发达。中国传统哲人注重的是意义世界或价值世界的存在,也即文化生命的存在,文化生命只能寄托人而在,只能因人生而在。因此,在宇宙与人生的关系上,中国人重视的是人生,或者甚至可以说是以人生为本;而在人生与人心的关系上,中国传统哲人的思路又是以人心为本。

在中华人文精神的奠基者那儿,就认定了人生和文化的价值不在天,不在地,也不在神,而是在人自身的心。故孔子说:"仁远乎哉?我欲仁,斯仁至矣。"(《论语·述而》)又说:"为仁由己。"(《论语·颜渊》)而到孟子则明确指出"仁义礼智根于心"(《孟子·尽心上》)。儒家如此,道家也不例外,庄子把老子形而上之道落在人的心上,认为虚、明、静之心就是道,故庄子主张"心斋""坐忘"。(《庄子·大宗师》)中国化的佛教禅宗主张"明心见性",实际上是认本心即是佛,不应向外向上追求。也就是说,佛教在中国发展到禅宗,即把人的宗教要求也归结到人的心上。所以禅宗又称为"心宗"。

到了宋明理学,更把心性上升到本体的地位。程明道已称"只心便是天"①,对心做了形而上的规定。张载有句名言:"天地之塞吾其体,天地之帅吾其性。"②强调的不仅是"天人合一",而且是以人为本,人不仅与天地同体,而且是为天地立命,做天地灵性。

心本体论

王阳明的心学把这种心性论传统明确而自觉地作了本体论的整合。他提出"人者,天地万物之心也;心者,天地万物之主也"(《答季明德》,《全集》卷六,第214页),认为天地万物"其发窍之最精处是人心一点灵明"(《传习录下》,《全集》卷三,第107页)。他不但把人当作了衡量万物价值的绝对尺度,而且又把人心当作了赋天地万物以价值意义的本体。王阳明有个著名的"山中观花"问答,其答案是:

---

① 程颢、程颐:《河南程氏遗书》卷二上,《二程集》,王孝鱼点校,第15页。
② 张载:《乾称篇》,《正蒙》,《张载集》,章锡琛点校,第62页。

> 你未看此花时，此花与汝心同归于寂；你来看此花时，则此花颜色一时明白起来。便知此花不在你的心外。(《传习录下》，《全集》卷三，第108页)

他还认为：

> 天没有我的灵明，谁去仰它高？地没有我的灵明，谁去俯它深？鬼神没有我的灵明，谁去辩他吉凶灾祥？(《传习录下》，《全集》卷三，第124页)

如果说朱熹还侧重从绝对的宇宙天理来定义人生，认为人生的本质是因为禀赋天理而为性才获得存在的意义，那么，则王阳明直接从本心良知来定义宇宙生生的本体，将宇宙整体纳入我心，使本心良知上升为生生不息的宇宙本体。宇宙生生不息的本体的呈现或澄明离不开本心良知的朗照，宇宙万物生生本体及其价值意义的呈现实际上正是本心良知的明觉与朗照。这就将中国传统的心性本体思想作了以心为本的哲学整合，要求哲学不仅以人为中心，而且以心为根本，"心"的概念超越"性"而成为宇宙认识的本体。终极识度不再偏重于"天理"作为绝对超越的终极实在的追求，而是注重于"本心良知"在此在境域中的呈现。

这种思路可以在海德格尔现代存在论中找到知音。海德格尔所谓存在即存在，意味着存在只是其自身，并不是其他什么；同时也意味着我们只能体验存在而不能规定存在。能体验存在的存在只能是人。人作为"此在"不是抽象的存在，而是"带有情绪的自己现身"，"情绪是此在的源始存在方式"。[①] 两者的异曲同工或精神会通处在于，都把生命的主体人自身作为存在的本体，并把主体对生命的感受于体验作为生命的本体实在。这种存在本体就不是先验的和外在的，而是生成的和内在的。

据笔者的理解，中国传统的这种心性本体思路，在宇宙和人生的关系上，是以人生为本，也即以人之价值存在为本，这个世界是因人的存在而显示其价值，离开了人本，世界则无所谓存在意义。

[①] 海德格尔：《存在与时间》，陈嘉映、王庆节译，第166—167页。

在存在与感受的关系上，或者说在人生与人心的关系上，又是以感受为本，以人心为本；人生的价值意义只能通过"心"的感受来接收与认定，于是感受的主体与中介"心"又成了实际上的存在之本，王阳明的"心本体"论正是这种传统文化精神的哲学整合。这个"心"既是形上之心，也不离形下之心，是形上与形下的合一。既然心为存在和文化之本，那么，对人心的化育就成了文化的基本用心，对心的化育，离不开"乐"的工夫，这是中华人文精神美育品格的本体工夫论基础。

化育工夫

就中国心性论传统，心性本体与化育工夫论必然合一。《中庸》所谓"天命之为性，率性之为道，修道之为教"，用现代哲学的语言来理解，道是理想本体，教是对理想本体的追求体认过程，教化实践过程本身就是道。因此，本体呈现就是人生的创造过程，生生的本体流行就是人生在现实创造中对本体意向的自觉与贯通。

在中国传统哲人看来，宇宙的本体就是人生，而人生的本体则是指人生的应当，人生的应当就是人生的理想世界，人生的本体自觉和本体呈现就是对理想世界的自觉追求和体认，也就是对天道的自觉体认，"一旦豁然贯通焉，则众物之表里精粗无不到，而吾心之全体大用无不明矣"[①]。这样的本体呈现状态仍是教与化的结果，是在现实人生修养中实现的自由完美的人生境界。人生具有一个本体、一个真生命，它是自由完美的，是超越有限的理想世界，可以在现实人生实践过程中加以体认和呈现的。正如阳明在《附山东乡试录》中所谓"始之于存养慎独之微，而终之以化育参赞之大；行之于日用常行之间，而达之于国家天下之远"（《拟唐张九龄上千秋金鉴录表》，《全集》卷二十二，第861页）。这种修养的思路是由内至外，由个体心灵至天下。

这点在《大学》中表达得最早也最为清楚，程颐对《大学》的思路作了如下的解释：

> 古之欲明明德于天下者，先治其国；欲治其国者，先齐其

[①] 朱熹：《大学章句》，《四书章句集注》，第7页。

家；欲齐其家者，先修其身；欲修其身者，先正其心；欲正其心者，先诚其意；欲诚其意者，先致其知；致知在格物。物格而后知至，知至而后意诚，意诚而后心正，心正而后身修，身修而后家齐，家齐而后国治，国治而后天下平。①

可见，这个世界最终和谐与否的基础，在于每个个体的心灵。如果每个个体的心灵都能符合"各得其分"的分寸，都能"从心所欲不逾矩"，都能"性道合一"，"以天地万物为一体"，那么，天下的大治就是顺理成章的事。因此，就中国传统心性本体论而言，是以人生和人心为本；而从中国传统的化育工夫论而言，又是以"养心"或"化心"为功。

寻乐顺化

在人与世界关系上以人为本，在人生与人心关系上以心为本，这种文化精神必然把其最基本的旨归和工夫放在对人心的化育上，可以说"养心"或"化心"是儒家文化哲学乃至整个中国传统文化哲学的基本宗旨。心如何养？又如何化？中国文化哲人们拈出了一个"乐"字，"乐"不仅仅是养心的一种工夫，而且本身就是心的本体。

整个中华人文精神美育品格的要义，就在于如何通过"乐"的修养工夫，达到"乐"的人生境界。《荀子·不苟》云："君子养心莫善于诚。"《中庸》云："诚者，不勉而中，不思而得，从容中道……唯天下至诚为能化。"《大学》云："所谓诚其意者，毋自欺也。如恶恶臭，如好好色，此之谓自谦。"所谓"诚""自谦"都是强调心的一种真实自然、毫无勉强、浑然天成的本体状态。如何达到这种本体状态，按北宋理学开山祖师周敦颐的说法是"寻乐顺化"。返诚至乐，顺乐达化，通过乐的中介圆融作用，消除天人之间的渣滓与隔阂，使人进入浑然与万物为一体即天人合一的理想境界。

纵观中华传统文化中儒、道、佛及其集大成者理学等诸家，无不把基本的用心置于对理想人格的培养和对人生境界的追求，也无不把道德化或生活化的艺术作为人格培养的重要或基本的途径和手

---

① 程颐：《伊川先生改正大学》，程颢、程颐：《经说》卷五，《二程集》，王孝鱼点校，第1129页。

段。孔子一生兢兢业业，克己复礼，传扬仁义礼智，主张兼济天下，而在与门生们讨论人生理想时却"喟然叹曰：'吾与点也！'"（《论语·先进》）

理学大师朱熹对此有精切的解释，他认为孔子之所以推崇"曾点之乐"，"盖有以见夫人欲尽处，天理流行，随处充满，无少欠阙。故其动静之际，从容如此。而其言志，则又不过即其所居之位，乐其日用之常，初无舍己为人之意。而其胸次悠然，直与天地万物、上下同流，各得其所之妙。"① 这正是一种"大乐与天地同和"的天地境界，既是人生的最高的道德境界，又是人生的艺术境界或审美境界，艺术和道德在人生境界的极致上得到了统一。

这种追求成为儒家乃至整个中国传统文化一脉相承的传统，道家所谓"魏晋风度"，禅宗所谓"林下风流"，理学所谓"浑成气象"，无一不是追求一种"极高明而道中庸"（《中庸》）、天人合一、物我两忘、生机洋溢、从心所欲，也即以"乐"为标志的人生的艺术境界。

中华传统文化中的人生境界，按冯友兰先生的理解，可以依层次分为四种：第一是"自然境界"，在这一境界中的人对他所从事的活动尚无自觉清楚的了解，亦即"顺才或顺习"而行，这是一种低级的境界。第二是"功利境界"，在这一境界中的人尽管对所从事的活动有较清楚的了解，但其行为常常是"为己之利"，从而未能把个人与社会统一起来，这也还是一种偏狭的境界。第三是"道德境界"，在这一境界中的人是以"行义"，即以对社会做贡献为目的，从而超越了个人与社会的对立，这是一种高级的人生境界，然而未免还有刻意为善的痕迹。第四是"天地境界"，在这一境界中的人，不仅意识到人是社会的一员，因而要对社会有所贡献，而且意识到人从根本上就是与宇宙同体的，即所谓"民胞物与""天人合一"，使人知天、事天、乐天，以至于同天。这是人生的最高境界，在这种境界里，个人与社会乃至天地已经浑然为一，个人的伦理与情感、义务与本能也已经融洽无间，人与自然、人与社会以及人与自身这三种最基本的关系处于最和谐的状态。②

---

① 朱熹：《论语集注》卷六，《四书章句集注》，第130页。
② 参见冯友兰：《新原人》，《贞元六书》，华东师范大学出版社1996年版。

在这四种人生境界中，前面两种是低级的境界，后两者是高级的境界，中华传统的精神文化的主要用心，就在于使人由低级的境界进入高级的境界，从而解决人生与社会、自然的基本矛盾。在后两种高级境界中，如果说道德境界主要还是为儒家所追求，那么可以说，天地境界是为儒、道、佛诸家所共同追求的最高境界。再如果说有时还难免有为善痕迹的道德境界还可能主要凭道德自身的修养与积累来达到，那么可以说，内外合一、浑然天成、不思不勉、从容自乐的天地境界就不是单凭道德的克制或积累工夫能达到，而必须同时借助于美与艺术的情感的融化力量。于是，就需要"寻乐顺化"。

程明道曾回忆说："昔受学于周茂叔，每令寻颜子、仲尼乐处，所乐何事。"①又说："某自再见茂叔后，吟风弄月以归，有'吾与点也'之意……周茂叔窗前草不除去，问之，云：'与自家意思一般。'"②这表明作为理学开山祖师的周敦颐已开始从心性本体和情感体验的合一角度提到具有审美因素的理想境界说，并引导后学反复体味这种精神境界。

二程和朱熹对周敦颐所提的"孔颜乐处"深有体会，程明道有诗云："万物静观皆自得，四时佳兴与人同。"③朱熹也有诗云："此意相关禽对语，濂溪庭草一般春。"④这是一种融道德精神与审美体验为一体的人生境界，其精神实质在于通过"静观"，即审美式的直觉思维和超越体验，感受到人与天地万物的"浑然一体"，达到超神入化的人生境界。"所谓化之者，入于神而自然，不思而得、不勉而中之谓也。"⑤在这里，人的道德精神与自然界的化者之道合而为一。

理学家们都非常强调在"如何为乐"上做工夫。如果说在境界论上理学家们念念不忘追寻"孔颜之乐"，那么在工夫论上他们则反复咀嚼孔子的"知之者不如好之者，好之者不如乐之者"（《论语·雍也》）三段式理论，他们无不体会到，人仅知善之可贵未必肯积极去追求，能"好之"才会积极去追求；仅好善而加以追求，自己犹

---

① 程颢、程颐：《河南程氏遗书》卷二，《二程集》，王孝鱼点校，第16页。
② 程颢：《河南程氏遗书》卷三，程颢、程颐：《二程集》，王孝鱼点校，第59—60页。
③ 程颢：《秋日偶成》，《河南程氏文集》卷三，程颢、程颐：《二程集》，王孝鱼点校，第482页。
④ 朱熹：《性理吟》，《朱子佚文辨伪考录》，朱杰人、严佐之、刘永翔主编：《朱子全书》（第26册），上海古籍出版社2010年版，第875页。
⑤ 程颐：《颜子所好何学论》，《河南程氏文集》卷八，程颢、程颐：《二程集》，王孝鱼点校，第578页。

与善为二，有时不免因懈怠而与善相离；只有到了以善为乐，则善已渗入己身，"于乐处便是诚实为善"①，此时行善与得乐浑然一体，伦理规范的实行成为个体情感的自觉要求及其满足，这才是人生的最高境界。

对于这一点，理学集大成者朱熹有着非常深刻的体会。在他看来，人生至诚至乐理想境界的达到，除了日常生活中克私的修养和道德的积累之外，还需要"乐"本身的感化。孔子曾云"成于乐"，即人格的最高境须成就于"乐"的熏陶。为何如此呢，朱熹的理解是"乐……可以养人之性情，而荡涤其邪秽，消融其查滓"②。在朱熹看来"人与天地本一体，只缘渣滓未去，所以有间隔；若无渣滓，便与天地同体"。什么是"渣滓"呢？其一，"渣滓是私意人欲之未消者"③；其二，"渣滓是他勉强用力，不出于自然而不安于为之之意，闻乐就可以融化了"④。可见，"渣滓"正是殊相与共相的矛盾处及人与天地之间隔处，"渣滓"本身又含"私欲"和"勉强"两层意思，前者指动机，后者指体验，如果说"私意"的动机还可以由"复礼"克服，那么"勉强"的体验就不仅仅是"复礼"所能奏效的了；单一的"复礼"仍可能使人"不出于自然而不安于为之"，感之以"乐"，就能融化这种"渣滓"而使人"忽不自知其入于圣贤之域矣"⑤。

可见理学家们不仅是极端的动机论者，而且是极端的体验论者。他们观察人的标准基本上首先是看其为善还是为恶；其次是观其动机为己还是为人；最后也即最高的标准是观其内心体验乐还是不乐。要达到"乐"的境界，"乐"的工夫是必由之路。

乐即本体

正是阳明心学对中国传统心性本体及化育工夫作了最自觉也最彻底的本体工夫论整合。且看阳明在《白说字贞夫说》中对"说"（悦，即"乐"）作为本体之本然状态和呈现状态的精辟论述：

---

① 黎靖德编：《朱子语类》卷二十四，王星贤点校，第571—572页。
② 朱熹：《论语集注》卷四，《四书章句集注》，第105页。
③ 黎靖德编：《朱子语类》卷四十五，王星贤点校，第1151页。
④ 黎靖德编：《朱子语类》卷三十五，王星贤点校，第933页。
⑤ 朱熹：《论语集注》卷四，《四书章句集注》，第94页。

> 天下之道，说而已；天下之说，贞而已。乾道变化，於穆流行，无非说也，天何心焉？坤德阖阙，顺成化生，无非说也，坤何心焉？仁理恻怛，感应和平，无非说也，人亦何心焉？故说也者，贞也；贞也者，理也。全乎理而无所容其心焉之谓贞；本于心而无所拂于理焉之谓说。故天得贞而说道以亨，地得贞而说道以成，人得贞而说道以生。贞乎贞乎，三极之体，是谓无已；说乎说乎，三极之用，是谓无动。无动故顺而化；无已故诚而神。诚神，刚之极也；顺化，柔之则也。故曰，刚中而柔外，说以利贞，是以顺乎天而应乎人。说之时义大矣哉！非天下之至贞，其孰能与于斯乎！（《全集》卷二十四，第906页）

接着又说：

> 故说也者，情也；贞也者，性也。说以正情之性也；贞以说性之命也。性情之谓和，性命之谓中。致其性情之德而三极之道备矣，而又何二乎？吾姑语其略而详可推也，本其事而功可施也。目而色也，耳而声也，口而味也，四肢而安逸也，说也，有贞焉，君子不敢以或过也，贞而已矣。仁而父子也，义而君臣也，礼而夫妇也，信而朋友也，说也，有贞焉，君子不敢以不致也，贞而已矣。故贞者，说之干也；说者，贞之枝也。故贞以养心则心说，贞以齐家则家说，贞以治国平天下则国天下说。说必贞，未有贞而不说者也；贞必说，未有说而不贞者也。说而不贞，小人之道，君子不谓之说也。（《全集》卷二十四，第906—907页）

《周易·乾·文言》曰："元者，善之长也；亨者，嘉之会也；利者，义之和也；贞者，事之干也。君子体仁足以长人，嘉会足以合礼，利物足以和义，贞固足以干事。"朱熹对"贞"的解释是："贞者，生物之成。实理具备，随在各足。……干，木之身，而枝叶所依以立者也。"[①]阳明亦以"理"说"贞"，贞即真也，正也，

---

① 朱熹：《周易本义》卷一，廖名春点校，中华书局2009年版，第35页。

也即实体之理，天命之性，"贞即常久之道也"（《五经臆说十三条》，《全集》卷二十六，第978页）。"说"（与悦通）则"乐"也，是"贞"之"顺而化"的本然状态。"贞"为体，"说"为用；"贞"为性，"说"为情；"贞者，说之干，说者，贞之枝"；"贞必说"，"说必贞"。"贞"与"说"是本末、体用，也即本体与状态、本然与呈现的关系。"於穆流行""顺成化生""感应和平"，天、地、人三者之道"无非说也"。"说以利贞，是以顺乎天而应乎人"，"说（悦）"于天地本体为本然状态，于人生本体则既为本然状态，又为澄明工夫，宇宙人生之本体正是通过"说（悦）"的状态和工夫呈现或澄明的。

正是在此理据上，王阳明提出了"乐是心之本体"及"悦则本体渐复矣"[①]的命题，从本体与工夫，也即境界与工夫关系的角度，中国传统心性化育精神作了最明白亲切而深刻圆通的表述。

在阳明之前，尽管中国哲人也大都强调了"乐"作为人生本真境界或应然境界的必要体证或表征，然从未有人明确地提出"乐是心之本体"；尽管中国哲人也大都强调了"乐"作为经由人心化育通达天人合一的必要情感体验，但并未有人明确揭示"悦则本体渐复矣"，由工夫澄明本体的终极识度。正是阳明心学及心学美学明确地赋予"乐"以基于情感又超越自然，达于理性又超越纯粹理性的本体境界及澄明工夫论的哲学美学意义，由此将中国传统心性论和人文精神的心性本体于化育品格或美育品格上升到了前所未有的理论高度。

心理转换

阳明心学在历史上起于朱学弊端泛滥之际，在逻辑上正是朱子理学内在矛盾的必然发展与突破，阳明后学更是把这种突破推向了极致，走向了对朱子理学的彻底反叛。在宋明理学发展史上，王阳明是继张载、朱熹之后的宋明理学转换中的关键人物：张建立（理学），朱集大成，王使之瓦解。尽管这并非个人有意如此，但历史和

[①] 语见《与黄勉之二》："乐是心之本体。仁人之心，以天地万物为一体，䜣合和畅，原无间隔。……时习者，求复此心之本体也。悦则本体渐复矣。"（《全集》卷五，第194页）

理论的逻辑程序使之必然。①

阳明心学对朱子理学的突破，在中国传统哲学和传统美学向近代哲学和近代美学的转变上，具有革命性的意义和影响。在哲学上，这种突破开启并完成了类似西方哲学中从理性主义到存在主义的转向，使理学的主导精神从朱子古典理性主义的客观性、绝对性、外向性，转向了更具近代主体精神的主观性、此在性、内心体验性。②在美学和艺术实践上，这种突破及其后来者的更极端的反叛，直接导致了明清之际以高扬主体、解放个性、畅发情感为主要特征的近代浪漫主义思潮。

同室操戈

阳明早年曾是朱学的信奉者，曾"遍求考亭遗书读之"。然而随着在现实体验中对理论探讨的深入，阳明逐渐对朱熹的理学由信而疑并进而走向反动，"操戈而入室"（《答徐成之二》，《全集》卷二十一，第809页），以朱子理学的固有缺陷和内在矛盾为契机，对朱子理学进行了全面的突破，从而建立了与朱子理学风格迥异的心学体系。阳明心学对朱子理学的根本突破，首先表现为在本体论上心本体论对理本体论的突破，其他的种种突破均缘此而派生，其在美学上的革命性意义和影响，从根本上来说也是起源于这种突破。

朱熹哲学框架有两个致命的缺陷：一是理与物的疏离，形上之本与形下之具被隔成两个世界；二是理与心的对峙，客观伦理与主体意愿处于某种异在的状态。尽管朱熹试图沟通两者，但并未真正在理论上解决这二重性统一问题。朱熹本体论的这种二重性疏离，正是阳明批判朱学的锋芒所向，而朱熹试图沟通这二重性存在的努力，又恰恰为阳明突破朱学提供了内在缺口。

阳明对朱子理学本体论构架最为不满的正是这两点：一是析心理为二、心物为二的二元论倾向，二是以理为本、以理制心的唯理论立场。前者既意味着把作为普遍规范的天理与作为个体存在的心体割裂，又意味着把形而上的生物之本与形而下的生物之具二重化；后者则意味着将天理视为永远凌驾于心体之上的绝对的超验本

---

① 参见李泽厚：《宋明理学片论》，《中国古代思想史论》，第242页。
② 参见陈来：《有无之境——王阳明哲学的精神》，第14页。

体，使作为主体精神的心体永远只能处于被役从的地位。阳明对朱熹的理本体论的突破也正是从这两点入手，首先将被朱熹一分二的二重化世界和二元对立状态统合起来，使其成为彻底的一元的存在；进而把朱熹本体论中客观本体与主观本体的位置彻底颠倒过来，将朱熹的留有心学破绽的理一元论改造为彻底的心一元论。

阳明这样批评朱熹：

> 晦庵谓："人之所以为学者，心与理而已。"……是其一分一合之间，而未免已启学者心理为二之弊。（《传习录中》，《全集》卷二，第42页）

他看到并肯定了朱熹"心与理一"的心学倾向，甚至还曲解朱熹的本意，作《朱子晚年定论》强调了朱熹的心学立场。但他觉得朱熹的心学倾向远不够彻底，他认为"心即性，性即理。下一'与'字，恐未免为二"（《传习录上》，《全集》卷一，第15页）。在他看来，朱熹虽然也试图统一"心"与"理"，但毕竟承认"物理"与"吾心"有内外之分，而且断定了"天理"与"吾心"有上下之别，这就是"析心理为二之弊"。阳明则不但直言"心即理"，而且强调"心外无理，心外无物"，这就在心本立场上彻底统合了二元世界。

在"心"与"理"的关系上，阳明一方面主张"心之本体即天理"双重之品格，这就将作为主体道德精神的"心"与作为客观道德精神的"理"直接统一起来。另一方面又认为"理也者，心之条理也。是理也……千变万化，至不可穷竭，而莫非发于吾之一心"（《书诸阳伯卷》，《全集》卷八，第277页），"此心在物则为理"（《传习录下》，《全集》卷三，第121页），"心"超越"理"而成了终极的本体，"理"反而为"心"所派生，这就把"心"与"理"在朱熹理学本体论中的位置颠倒了过来。在"心"与"物"的关系上，他通过释"物"为"意之所在""意之所用"（在这个意义上，"物即事"），而"意"又是"心之所发"，这样既把"心"与"物"同一，主张"心外无物"，又把"心"当作"物"的精神主宰，主张"心者，天地万物之主也"（《答季明德》，《全集》卷六，第214页）。

从朱熹的析心理为二、心物为二，到阳明的合心理为一、心物为一；从朱熹的心、理二本，到阳明的完全以心为本，心学实现了对理学的最根本的突破。如果说，在朱熹同期与朱学对立的陆象山因其没有完全克服"理"的客观实在性、外在性，而不曾构成对理学的革命性反抗，那么可以说，王阳明因其彻底地坚持了心一元的本体论，以釜底抽薪、掀翻天地的方式瓦解了朱熹的"天理"的绝对至尊地位和客观外在性质，以一个凸显主体的"心"的世界来反抗超越时空的"理"的世界，从而形成了心学对理学的最本质的对立与突破。它的革命性意义在于极大地高扬了道德的主体性和自主自律原则，同时也就在客观上极大地肯定了人的主体性和自主精神。

掀天覆地

与心本体论对理本体论的突破相应，阳明对朱子理学的人性论、境界论、认识论和知行观进行了全面的突破，从而实现了朱学到王学由本体说到工夫论的全面转换。

在人性论上，阳明心学以"身心合一"论突破了朱子理学的"心统性情"论，朱熹主张心有体用，将心分为形而上之性和形而下之情，以性为体，以情为用。他又将本体的"心"叫作"道心"，作用的"心"，叫作"人心"。他虽有沟通两者的倾向，因为一则"道心"也从"人心"中显现，二则"人心"之合理正是"道心"；但他更基本的立场是强调两者的对立："人心惟危，道心惟微"，因此主张"存天理，灭人欲"。阳明从朱熹的心性矛盾突破，主张"心即性"，并主张"身心合一""无心则无身，无身则无心"（《传习录下》，《全集》卷三，第91页），他一方面以合知、情、意为一的心体取代了朱熹的分性情体用为二的心体，另一方面更反过来强调"道心"对"人心"的依赖，"道心"须通过"人心"的知、情、意才能体现。这样，他的心体既存良知天理，又不离个人躯体的感性存在，这就使个体的感性存在与情感欲求在某种角度获得了合理地位。

在境界论上，阳明心学以"狂者胸次"突破了朱子理学的"圣人气象"。朱熹的理想人格是"气象近道"的圣人，这种"圣人气象"大抵表现为浑成端祥。由于他把"道"作为千古不变的至高准则，因此体现"道"的圣人及其经典就成了朱熹奉崇的偶像。阳明则自信以"良知"判断真是真非，因此提出"我今才做得个狂者的胸次，使天下之人都说我行不掩言也罢"（《传习录下》，《全集》卷三，第116页），并赞扬"狂者志存古人，一切声利纷华之染，无所累其衷，真有凤凰翔于千仞气象"（《传习录拾遗》，《全集》卷三十二，第1177页），主张不以圣人言论定是非，这在当时是惊世骇俗之论，对于破除权威迷信，解放思想有着极大的鼓舞作用。

在认识论上，阳明心学以"致良知"的整体直觉突破了朱子理学"格物致知"的两面工夫。朱熹所谓"格物是物物上穷其至理，致知是吾心无所不知"①，格物是"即物穷理"，由外向内，致知是即心穷理，由内向外。阳明认为这种方法既"析心与理为二"，又"支离决裂"，于是用一种更为简截了当的整体合一、直觉体认方法取而代之，这就是"致良知"，也即从吾心固有之良知出发，使之扩充到万物，通过不待虑而知的直觉，返身达到对良知的自我体认。这就使认识和思辨方法或工夫背离朱子理学的理性主义而偏向了直觉主义乃至带有神秘主义的倾向。

在知行观上，阳明心学以"知行合一"说突破了朱子理学的先知后行观。朱熹是"以认识之路讲道德"，因此他的知行关系是概念反思的产物，在知性分析中有析知行为二的倾向，他的后学更有知而不行之弊。阳明即知即行，着重从道德实践过程看待并规定知行关系，主张知行合一，强调真知真行："知之真切笃实处即是行，行之明觉精察处即是知。"（《传习录中》，《全集》卷二，第42页）这种知行观和工夫论强调了实践的功能，进一步突出了身心践履在道德品性现实化过程中的重要意义。

阳明心学对朱子理学的突破，在美学上也具有革命性的意义，对由宋至明清的美学和艺术思潮的转换起了主导性的作用；而从理论内在的承继关系而言，正是对朱子理学美学的否定之否定。这种影响主要体现在以下几个方面：

心的崛起

心本体论对理本体论的内在突破导致审美心体的极大高扬。美的本体由抽象冷漠的"道体"转变为具有意志自觉的心体，美的对象由客观异在之物呈现为与本心良知感应而生成的"缘在"之物，美的创造由"从道中流出"转向"从心中流出"，美的尺度由绝对永

---

① 黎靖德编：《朱子语类》卷五，王星贤点校，第291页。

恒的"天理"转变为虚灵不昧的"吾心",这就是美学可以从这种突破中得到的提示;而明代中后期"著我""写我""抒写性灵""诗无我不作""画无我不立"等美学主张的兴起以及美学风格向"有我之境"的转变,都可以说是这种突破的直接结果。

朱熹表达艺术本体论的中心命题是"文皆是从道中流出"[1],这不仅意味着艺术的终极本源是"道",而且意味着艺术的最深层意蕴和理想模式也是"道"。在这儿,"道"或"天理"既是美的终极本体又是美的绝对尺度,审美本心在这里仍是附从的位置。出于异质同构的思辨体系,王阳明在文道关系上也用了与朱熹类似的命题,主张"《诗》《书》、六艺,皆是天理之发见"(《传习录下》,《全集》卷三,第118页),但在类似的本体论命题外壳中却包含着不同的本体内涵。

在阳明这儿,这个"天理"就是"良知",就是"心之本体"。于是他进而提出:

> 六经者非他,吾心之常道也。故《易》也者,志吾心之阴阳消息者也;《书》也者,志吾心之纪纲政事者也;《诗》也者,志吾心之歌咏性情者也;《礼》也者,志吾心之条理节文者也;《乐》也者,志吾心之欣喜和平者也;《春秋》也者,志吾心之诚伪邪正者也。(《稽山书院尊经阁记》,《全集》卷七,第254—255页)

在这里,六经成了吾心活动之载体,吾心成了六经之本体。这在经学上说具有破除权威,解放思想的意义,在美学上则是提高了审美心体的地位。六经中《诗》《书》《礼》《乐》《易》等都包含着美学和艺术的内容,他这段话也可以说包含对美和艺术的本体的解释,它就是"吾心"及"吾心之良知"。"吾心"对天理的抗争,透露了审美心体崛起的信息。

对于天地自然美的解释,朱熹采用的也是绝对的理本体论:"鸢飞鱼跃"是"道体随处发见"[2],"那个满山青黄碧绿,无非天地之

---

[1] 黎靖德编:《朱子语类》卷一百三十九,王星贤点校,第3305页。
[2] 黎靖德编:《朱子语类》卷六十三,王星贤点校,第1534页。

化流行发见"①，一切都是由先天的"道"派生。王阳明却根据他对心物关系的特殊理解，开始从主客体对象关系或者更彻底地说是从本心良知由潜在至澄明的意向性生成的角度观照审美对象。《传习录下》曾记载著名的"山中观花"问答，阳明的回答是："你未看此花时，此花与汝心同归于寂；你来看此花时，则此花颜色一时明白起来。便知此花不在你的心外。"（《传习录下》，《全集》卷三，第108页）

叶朗先生主编的《现代美学体系》从审美主客体意向性建构的角度肯定了这个观花问答："客体的显现（象）总是与客体意向密切相关的"，"由于我的投射或投入，审美对象朗然显现，是我产生了它。但是另一方面，从我产生的东西也产生了我"。从这一角度，可以把"山中观花"说成"作为对于审美体验的意向性的一种形象的描绘"。②从审美主客体的关系来考察，这个命题意味着与主体无关的纯粹客体不具备现实的审美意义，审美对象的生成和呈现离不开审美主体的参照与作用。更彻底地说，美本身就只是本心良知在境域中的感应呈现。

另一方面，本心良知的呈现也离不开具体境域中的对象，阳明所谓"目无体，以万物之色为体；耳无体，以万物之声为体；鼻无体，以万物之臭为体；口无体，以万物之味为体"（《传习录下》，《全集》卷三，第108页），正表达了这样的意思。在这里"体"是"体段"，其"本"乃是本心良知，目之所以能以万物之色为体，耳之所以能以万物之声为体，鼻之所以能以万物之臭为体，口之所以能以万物之味为体，正是因为有本心良知的灵明照觉，"良知不由见闻而有，而见闻莫非良知之用"（《传习录中》，《全集》卷二，第71页）。这也就从心体呈现、体用感应的境域澄明角度突出了审美的心本意识。

阳明还认为："天没有我的灵明，谁去仰他高？地没有我的灵明，谁去俯他深？鬼神没有我的灵明，谁去辩他吉凶灾祥？"（《传习录下》，《全集》卷三，第124页）"人者，天地万物之心也；心者，天地万物之主也"（《答季明德》，《全集》卷六，第214页），天地万物"其发窍之最精处是人心一点灵明"（《传习录下》，《全集》卷三，

---

① 黎靖德编：《朱子语类》卷一百一十六，王星贤点校，第2795页。
② 参见叶朗主编：《现代美学体系》，北京大学出版社1988年版，第566页。

第107页），这样既把人当作了衡量天地万物审美价值的绝对尺度，又把本心当作了赋天地万物以审美意义的本体。

阳明心学美学对美学本体由理到心的反拨与转换，站在本心的立场上高扬了审美领域中心本的地位和本心的作用，并在一定程度消融了主客先在和外在的对立。这对于冲击具有某种先在绝对论倾向，忽视现实境域心本地位和作用的古典理性主义美学，有着积极的意义，一定程度上启发着近代审美主体或心本意识的自觉。而其反拨的切入处，正是朱子理学美学本体论心性关系的内在矛盾和破绽，而其思辨机趣，正有"后主体"的意涵。

情的崛起

身心合一论对性情二元论的内在突破导致审美个体感性的高度肯定。如果说本体论上心本体对理本体的突破在美学上的意义是高扬了审美境域的心本地位和本心作用，那么可以说，人性论上身心合一论对性情二元论的突破则更进一步，导向对更为具体感性的个体审美情感的高度肯定；如果说前者侧重于强调人作为"类"的本心的审美本体价值，那么可以说，后者更进入了对人的个体审美情感与欲望的肯定与解放，使审美的价值尺度更加感性化、世俗化、个性化、情感化。明清之际美学和艺术领域内具有近代人本主义色彩的浪漫思潮的兴起，重情感、重愉悦、重世俗、重享乐，乃至畅意纵欲的美学宗旨和艺术旨趣的盛行，正是这种突破的必然产物。

朱熹虽然在一定程度上肯定了人类情感的存在及其表达的合理性，并把艺术创造的直接动因归之为"感物道情"，但他对个性情感的肯定还是很有限度的，人性论上性情二元论的立场使他在总体上表现出以理制情、以道节欲的倾向。受理学影响的美学宗旨和艺术趣味表现为对情感流露的中庸尺度的刻意强调和伦理教化功能的极度突出。阳明身心合一论将良知置于血肉之躯，使其带有感性心理特点，这为个体感性存在和欲求找到了人性论的基础。

由于性情一元，良知即体即用，良知得借助感情感表现，感性情感之自然流行即为良知之用，因此真情真性，乃至"任心率性而行"都可以在良知名上下求得合理性。他强调"乐是心之本体"，"悦则本体渐复矣"，在这里，"本体"不仅是指本然状态，同时意味着"当然"和"应然"的状态，即合理的、正常的、应该的状态，而这种"应然"应包括"常快活"的"适然"。诚然,阳明所谓"乐"主要是指与天地同体的超然自得的精神愉悦,但即谓之"乐"就必然也包含着个体日常生活中的感性快乐(包括生理快乐和审美快乐),其乐"虽不同于七情之乐,而亦不外于七情之乐"(《传习录中》,《全集》卷二,第70页),他的人生境界中就包含着"求自快吾心"的审美愉悦的追求。

阳明这种思想被其后学进一步极端地发挥,直接引发了明清之际反道、主情乃至释欲的浪漫思潮。阳明高足泰州学派创始人王艮高唱"人心本自乐"[①],并把"乐"直接等同于"悦",主张"说(悦)是心之本体",认为人的"心之本体"就是追求物质利益和精神情感的满足,顺其自然为所欲为就是人性实现的最完满形式。同时他又直接肯定了百姓世俗需求,主张"百姓日用条理处,即是圣人之条理处"[②]。作为王学左派杰出继承人的李贽更是将王学对朱学的突破推向了异端。他通过凸出阳明良知中的个体感性规定与剔除其中的普遍天理,而将良知说引申为"童心"说,[③]这"童心"即"真心","绝假纯真,最初一念之本心"[④],他力求恢复人的真情真性,任情而动,率性而行,还公然言私言利,宣称"夫私者,人之心也"[⑤],"虽圣人不能无势利之心"[⑥]。

由阳明开启的自然人性论,经泰州学派李贽的进一步发挥,在明清之际形成一股汹涌澎湃的时代浪潮。以徐渭、汤显祖、公安三袁、钟惺、谭元春、屠隆、王思任、张岱等为代表的晚明诸子推波助澜,相互呼应,鼓吹个性自由,感情解放,公然与封建礼教分庭抗礼,对传统的依于理道、止乎礼义、温柔敦厚的伦理理性主义美学理论和艺术表现发起了摧枯拉朽般的冲击。

在创作实践上表现为戏曲、小说等世俗文学迅速崛起,蔑弃封建礼法、放肆追求个人幸福的市井小民变成文学艺术表现的主人。

---

① 王艮:《乐学歌》,《明儒王先生遗集》卷二,《王心斋全集》,陈祝生等校点,江苏教育出版社2001年版,第54页。
② 王艮:《语录》,《明儒王心斋先生遗集》卷一,《王心斋全集》,陈祝生等校点,第10页。
③ 参见杨国荣:《王学通论——从王阳明到熊十力》,上海三联书店1990年版,第254页。
④ 李贽:《童心说》,《焚书》卷三,中华书局1975年版,第98页。
⑤ 李贽:《德业儒臣后论》,《藏书》卷三十二,中华书局1959年版,第544页。
⑥ 李贽:《道古录》卷上,张建业主编:《李贽文集》(第7卷),社会科学文献出版社2000年版,第358页。

这是美学史上一场具有启蒙主义倾向的大变革。在此以前的文学艺术中，也有对人生悲苦的慨叹，也有对人生幸福的憧憬，也有对情感欲望满足的向往，但主导线索是载道，而载道的主要目的和效果是使个性泯灭，让个体规规矩矩地臣服于封建伦理秩序。阳明心学启发的自然人性论所导致的浪漫思潮对这种古典伦理主义传统造成了前所未有的冲击，这不能不说是阳明心学美学对中国美学与艺术的歪打正着的贡献。

胆的崛起

"狂者胸次"对"圣人规模"的内在突破导致审美独创意识的空前自觉和艺术叛逆精神的空前高涨。如果在本体论上认定绝对先成、固定永恒的天理，在人格境界上绝对地崇尚"元气浑成"的"圣人气象"，无条件地依乎千古不变的"圣贤规模"，在美学理论和艺术创作上必然表现为偶像崇拜和复古主义倾向；而突破这种古典的敬畏境界，倡扬"自做主宰"的"狂者胸次"，以自心之"良知"判断是非，"信手行去"，"率性而为"，在美学理论和艺术创作上相应就表现为独创意识的标举和叛逆精神的高涨，审美个性胆略的崛地而起。

虽然朱熹也有大胆的疑古精神，他对汉儒在经学上的穿凿附会以及后人的墨守成规有过深刻的批评，他对《诗经》《楚辞》等文学典籍的整理表现了许多独到之见和批判精神。但由于他最终以永恒的天理为真理标准，以古代的圣人为人格的不可企及的典范，因此在美学见解中始终表现出复古主义的倾向。如言诗文须有"一定之成法"，后人只要遵循此法去做就行，又如言"学诗则且当……不失古人本分体制"①，他还提出著名的诗"有三变"说，结论是愈古愈理想，这不能不说是一种复古倒退主义。

在明初至中叶的文坛上，形式主义、复古主义、拟古主义的风气盛行，规模于古人，依傍于先贤，这正是理学美学的崇圣理想和复古主义的一种反映与影响。这种情况自明中叶始有了大的改变，可以说这很大程度正得力于阳明心学所提倡的"狂者胸次"对传统

---

① 朱熹：《跋病翁先生诗》，《晦庵先生朱文公文集》卷八十四，朱杰人、严佐之、刘永翔主编：《朱子全书》（第24册），第3968页。

理学人格境界与审美理想的冲击。正是阳明开其先，泰州学派和李贽畅其后，晚明主情革新派诸子相互呼应，推波助澜，形成了对复古主义的致命打击。

阳明所谓"狂者胸次"就是一种豪杰精神，它的基本特征就是顶天立地、自然洒落、无须假借、"吾性自足"。弟子王畿曾这样引述阳明的"狂者胸次"：

> 就论立言，亦须一一从圆明窍中流出，盖天盖地，始是大丈夫所为，傍人门户，比量揣拟，皆小技也。①

阳明自己有诗云：

> 影响尚疑朱仲晦，支离羞作郑康成。铿然舍瑟春风里，点也虽狂得我情。（《月夜二首》，《全集》卷二十，第787页）
>
> 人人自有定盘针，万化根缘总在心。却笑从前颠倒见，枝枝叶叶外头寻。无声无臭独知时，此是乾坤万有基。抛却自家无尽藏，沿门持钵效贫儿。（《咏良知四首示诸生》，《全集》卷二十，第790页）

他标榜"自有定盘针"，心中有"独知"的独立意识，赞赏曾点的"无入而不自得"的狂者风度，嘲笑"沿门持钵"、依傍他人的庸人习气。

这种人生境界观对美学理论中的独创意识、艺术创作中的自主精神和叛逆风格的形成有着很大的影响。阳明后学王艮秉承阳明以良知为主宰的精神提出"造命由我"②，李贽则根据阳明对良知的个体性规定及其无所待而兴的要求提出"一人自有一人之用"③论，这些主张直接启发了徐渭、公安三袁等在美学和艺术上的革新主张和叛逆精神。徐渭"疏纵不为儒缚"④，被时人目为"狂人"，他目

---

① 王畿：《曾舜征别言》，《王畿集》卷十六，吴震编校整理，第460页。
② 王艮《又与徐子直》："我命虽在天，造命却由我。"（王艮：《明儒王心斋先生遗集》卷二，《王心斋全集》，陈祝生等校点，第53页）
③ 李贽：《答耿中丞》，《焚书》卷一，第16页。
④ 徐渭：《自为墓志铭》，《徐渭集》卷二十六，中华书局1983年版，第639页。

空千古，独立高标，在艺术上追求奔放旷达、不拘一格。公安派主将袁宏道也认为大丈夫应当天马行空，独来独往，在创作上则要求"独抒性灵，不拘格套，非从自己胸臆流出，不肯下笔"①。这些异端风格都从阳明"狂者胸次"及其胆识中获得了精神的鼓舞。

悟的崛起

"致良知"对"格物致知"的内在突破，导致审美直觉思维备受推重。郭沫若曾对王阳明大加赞赏，从思维方式上看，他所"礼赞"于阳明的正是内化于中国知识分子心灵中的佛家的精巧思辨和直觉顿悟。"致良知"以整体合一、直觉体认的方式以取代朱熹"格物致知"的格知析理工夫，作为一种思维方式，它对美学的影响是引导美学的思辨方法更多地由理性主义转向直觉主义乃至神秘主义，美学形态更多地由伦理思辨美学转向直觉生命美学，与禅悦之风相呼应。

阳明心学与佛教禅宗有不解之缘，和会儒禅的追求使阳明不但在讲学点化学生等外在风貌方面似禅，而且在思想方法上用禅，阳明心学与禅学实际上是互为表里的。

"致良知"在思维方式上的主要特点是非理性的直觉主义。国内有的学者把阳明的良知喻为"玄善"，它有这么几个特点：一是无规定性，不执着具体的事物或形相，"心体上着不得一念留滞"；二是内在性，即不离感性而又超越感性；三是喻象性，即不可以条理言，但可以用具体形象明喻。②"致良知"的过程也就是通过"虚灵不昧"的心灵直觉体认这种玄妙本体的过程，所谓"触机神应，是乃良知妙用"③，指的是这种体认没有一丝一毫的理性思考，是一刹那间的整体感悟。这种思辨方法用于具体事物的认识，会显得过于玄妙而空疏，然而在审美认识上却有独特的魅力，因而在美学上产生了深远的影响。

阳明心学"致良知"说的风靡，使美学和艺术领域由宋代严羽

---

① 袁宏道：《叙小修诗》，《袁宏道集笺校》卷四，钱伯城笺校，上海古籍出版社1981年版，第187页。
② 参见方尔加：《王阳明心学研究》，湖南教育出版社1989年版，第129—133页。
③ 王畿：《读先师再报海日翁吉安起兵书序》，《王畿集》卷十三，吴震编校整理，第343页。

开启的"禅喻"说更加活跃,明代文人祝允明、徐渭、李贽、汤显祖、屠隆、袁氏兄弟、王思任、董其昌等生活情趣上都是禅宗和心学的热情的甚至是狂热的追求者,他们在审美思维上则都受"致良知"说的影响,标举虚灵妙应、整体体认的禅悟式的直觉审美方式。乃至清代王渔洋标举的"兴会超妙","兴会神到"的"神韵"说,叶燮提倡的"冥漠恍惚之境"[①]都与这种直觉主义思辨方式有着血脉关联。这种审美旨趣,也正是对朱子理学美学较为抽象解析的理趣的一种反拨。

行的崛起

"知行合一"对"先知后行"观的内在突破导致对审美实践功能和化育工夫的突出注重。阳明"知行合一"说在伦理哲学上的基本含义是指道德实践中内在自觉与外在推致的同时性和不可分割性,强调意向的道德性必须通过实践把自己真正实现为现实道德性。它的更深层的含义是"知"与"行"作为一种"工夫"与其本体的合一,本体与工夫的动态统一,本体展开为过程。

从"知行合一"的角度来看,美即存在或呈现于经由"知行合一"化潜在德性为现实德行过程中。美既不是一种所谓"格物致知""读书穷理"的智力活动的结果,也不是自然与社会客观事物的一种固有的价值,而是人的"良知""发用流行"在德行过程中主客观交互作用的结果。美的功能不在于仅仅满足人的感官享受或认知欲求,而在于通过审美实践完成人格美的修养,使其"良知"的价值潜能在审美实践的"知行合一"过程中充分地体现。这种观念对于审美教育理论的自觉具有深远的意义,它不但进一步突出强调了审美教育的实践功能,而且进一步突出强调了"乐"作为本体与工夫的内在统一。

"知行合一"强调本体与工夫的统一,"乐是心之本体","悦则本体渐复矣",这种本体境界也只有通过"乐"的工夫来达到,这就强调了德性教育中自觉原则与自愿原则的统一,也就是德育原则与美育原则的统一。朱熹也十分注重乐在审美教育中的功能,然而在

[①] 叶燮:《内篇下》,《原诗》,霍松林校注,人民文学出版社1979年版,第30页。

朱熹那儿，乐的价值主要是功能性的，到了阳明这儿，乐的意义就直接是本体性的了。朱熹的审美教育还强调学、养、践、化的结合，到阳明这儿，学即是践，也即是养，也即是乐。弟子王艮就这样归结"学"与"乐"的关系：

> 乐是乐此学，学是学此乐；不乐不是学，不学不是乐；乐便然后学，学便然后乐。乐是学，学是乐。①

学与乐本身就是"知行合一"的过程。从美学的角度讲，"知行合一"意味着美学不能仅仅是一种"口舌观听"之学，而应是一种"身心体认"之学，这就把思辨美学引向了"行动美学"。

如上所述，阳明心学从朱子理学的固有缺陷和内在矛盾入手，在本体论、人性论、境界论、认识论和知行观等各个方面对朱学实行了全面的突破，从而完成了明代心学对宋代理学的系统改造。这种突破和改造与明代中叶以来市民阶层和商品经济等资本主义因素迅速兴起，人的主体意识和个体意愿日益觉醒，以及由此形成的与传统伦理规范不可调和的冲突愈益加剧等社会背景及时代要求相适应，在推动哲学意识和美学精神向近代形态转化方面具有革命性的意义。

阳明对朱子理学的同室操戈，虽然其初衷是缘于纠朱学之弊而发展理学，其结果却是歪打正着地瓦解了理学体系，使宋明理学在其行程中走到了它的尽头。王学左派从阳明心学内在矛盾生发出的异端倾向，更是加速了理学的瓦解过程。从理论的逻辑秩序说，由"理"到"心"，由"心"到"情"，由"情"到"欲"；由强调区分"天理"与"人欲"、"义理之性"与"气质之性"始，到"性情一元""理在欲中"，直至"欲即性"终。从理论的学术形态说，由外在的宇宙观建立内在的伦理学，而最终又回归心理——生理学，而使整个理学体系在理论上崩溃瓦解。伦常道德又开始建立在个人的感性欲望、利益、幸福、快乐的身心基础和现实生活之上，天理人性论转变为自然人性论，绝对本体论转变为此在生存论。

阳明心学对朱子理学的突破，在相当程度上启发与导致了美学

---

① 黄宗羲：《泰州学案一》，《明儒学案》卷三十二，沈芝盈点校，第718页。

和艺术实践中审美主体性的极大高扬、审美个体感性的高度肯定、审美独创意识的空前自觉、审美直觉思维的充分重视、审美实践功能的突出强调,促进与推动了美学和艺术领域里人文主义的兴起、主情思潮的泛滥、叛逆精神的张扬。正如李泽厚先生所述,尽管王阳明个人主观上是为"破心中贼"以巩固封建秩序,但客观事实上,王学在历史上却成了通向思想解放的进兵走道。它成为明中叶以来的浪漫主义的巨大人文思潮(例如表现在文艺领域内)的哲学基础。可以说,阳明心学对朱子理学的突破在中国古典哲学和美学向近代转型过程中歪打正着地起了启蒙作用。

当然,阳明心学对朱子理学突破的这种革命性和启蒙作用又是有限度的,这种转换毕竟只是理论体系内在的反拨,而不是体系的彻底超越。

在本体论上,阳明心学对本心良知的双重性规定,既肯定了理本于心,又承认心本于理,仍然使良知有成为超越的绝对本体的可能,在"存天理,灭人欲"的道德宗旨上,阳明与朱熹还是一致的;阳明肯定普遍之理与个体道德意识的统一,归根结底是为了维护既存的社会秩序,使个体自愿地接受伦理规范,仍然带有明显的理学痕迹。阳明标举的"本心良知"虽不离个体意识,但就其总体内涵而言主要还是"所当然"的社会伦理意识,与真正的个性精神和个性解放还相距甚远。

在工夫论上,阳明虽以"即知即行""真知真行""事上磨炼""知行合一"为宗而突出强调身心践履,但其"心上工夫"和"事上工夫"的双重规定也暗含着趋虚归寂的契机,尤其是对"本心一念"作用的极度强调,"销行以归知"[①]的知行混同,有着偏向"离行以为知"的可能,以致其后学流于被人讥为"狂禅"的"空疏"之风,又远离了阳明的真知真行精神。

[①] 王夫之批评阳明"知行"说语,见王夫之:《尚书引义》卷三,王孝鱼点校,中华书局1962年版,第65—68页。

第四章 殊学通旨——心学何以进入美学

> 夫道犹海也，江、淮、河、汉以至泾、渭蹄跸，莫不昼夜曲折以趋之，其各自为水者，至于海而为一水矣。①

心学何以进入美学？也即心学可以体现美学智慧的理据是什么？这里首先涉及对美学的精神宗旨和理论品格的定位，也涉及对理学和心学精神旨趣和理论品格的理解。如果把美学的品格归其本来还原为精神哲学，而不是狭窄化为艺术学或艺术哲学，那么它的基本精神宗旨则是通过情感体验和直觉观照沟通人与对象世界的关系，使之进入主客无碍、一体融通的人生境界，从而获得精神自由。进而，如果能撇开对理学和心学的成见或偏见，对其基于人生体验，旨在以心性体验为中介沟通天人，使人进入"无入而不自得"的人生境界的精神旨趣，并有深入而中肯之了解，那么在理学尤其是心学与美学之间，就不难找到融通而内在的契机，心学进入美学不但是可能的，而且是必然和必要的。

美学辨析

按习惯的理解，美学是研究美或艺术的学科，以致在中国美学研究领域，大多论著几乎把中国美学与中国文艺批评或中国文艺思想等同，其后果是把美学研究的领域狭窄化，许多本该可以进入美学的内容被排斥在美学的视域之外，理学和心学这一类被称为道德性命之学的内容更"毋庸置疑"地被看成是与美学无缘。

断定理学或心学与美学无缘的习惯性结论，一方面缘于人们对理学或心学性质的直观印象与成见，另一方面也正缘于人们对美学宗旨与品格的片面把握。由于在人们习惯性印象中，艺术是最为基本和最为重要的审美领域和审美形态，艺术美学是最为基本和最为重要的美学理论，在中国古典美学中更是如此；而当这种习惯性印象变为习惯性成见时，便容易产生这样的推理或化简：将美学等同于艺术学，再等同于艺术，直至在美学和艺术之间画上了等号。其实这是一种十分片面的把握，美学与艺术学一方面具有十分密切的

---

① 黄宗羲：《明儒学案·序》，沈芝盈点校，第7页。

关系，另一方面又具有十分不同的理论品格；美学与艺术则更是两种不同的精神意识形态。

精神哲学

"美学"作为学科的概念是从西方引入的。众所周知，在历史上美学是哲学的组成部分，最早给这门学科定名，并使之获得独立学科地位的是被称为"美学之父"的德国古典哲学家鲍姆嘉通。他在1750年首次使用"Aesthetik"这个概念作为自己三卷本巨著的书名，由此宣告了"美学"作为独立学科的诞生。然而，他使用的"Aesthetik"这一词的本义并非"美"，更不是艺术，而是"感觉"或"感觉学"，这门学科要研究的对象是包含"感情"的、朦胧的、系统而生动的"感性认识"（不是明晰的理性概念认识）。他把美学界定为与研究"知"的逻辑学、研究"意"的伦理学并列而着重研究感性活动的特殊哲学。

康德则从对人主观能力的分析入手，将美学规定为对沟通现象世界和道德本体内在联系的判断力的研究。他在1790年出版的《判断力批判》正式建立了西方的唯心主义美学体系，这个体系被安置在与研究人的理解力的《纯粹理性批判》、研究人的理性的《实践理性批判》并列，且作为沟通两者的桥梁的总体哲学构架中。康德的第三批判的最终意图在于解决认识与伦理、感性与理性，也即现象与本体、必然与自由的分隔与对立，他把解决这种分隔与对立的途径落实到人的一种特殊心理功能即"判断力"，而美学正是研究这种心理功能的精神哲学，因此，美学成了整合本体论和认识论的中介，审美则成了人由必然通向自由的中介。

席勒继承了康德的这种美学理论主旨，并突出了审美教育的功能问题。他把审美看作是自由的表征，又是实现自由的唯一途径和中介。而美学正是研究这种人性解放途径的精神哲学。他先验地预设了人性的两种冲动：一种是"感性冲动"，一种是"形式冲动"。前者受感性本能欲望支配，后者受理性规范支配，因而在这两种冲动中，人都是不自由的。人性还有第三种冲动，那就是"游戏冲动"，在"游戏冲动"中，人既解除了来自感性本能的压迫，又解除了来自理性规范的压迫，真正进入了自由自在的境界，美学正是着重研究这种"游戏冲动"的精神哲学。因而，从根本上来说，美学是研究人性的自由和实现人性自由途径的精神哲学。

黑格尔根据他由理念演变过程而构成的客观唯心主义体系，把美学界定为研究绝对精神自我认识的低级阶段，即通过感性的形象来显示自己的方式的科学。绝对理念从纯粹思维的逻辑阶段，演变为以物质感性形式表现的自然阶段，再进入理念与自然统一的精神阶段；与此相应构建了他的逻辑学、自然哲学和精神哲学。在精神哲学中又依次分为主观精神、客观精神和绝对精神，美学正是研究绝对精神的低级阶段——艺术如何作为绝对理念自我认识手段的科学。因此黑格尔将美学规定为艺术哲学，它研究的对象是艺术，但它的性质是哲学，它的主旨仍是探讨人如何通过感情方式认识真理实现自由的问题。

美学的这种基本规定与基本精神一直延续到现代。尽管自20世纪中叶以来，西方美学尤其是英美美学出现了走向科学实证、注重审美体验、着意艺术实践的"自下而上"趋向，但总体而言，美学并没有失去其作为精神哲学的基本规定和基本精神。人文主义美学固然仍把审美当作解决自由与必然、主体与客体、思维与存在分裂这一终极问题的必然途径，把美学当作整合本体论和认识论的中介；科学主义美学也把审美当作是解决自由与必然、主体与客体、思维与存在和谐统一的必要手段，把美学当作协调人与自然关系，更有效地实现人的实践目的的科学。两者尽管在"自下而上"还是"自上而下"的研究取向，以及注重哲学思辨还是科学实证的研究方法等方面有很大差异，甚至形成颇为激烈的冲突，但对美学作为以情感体验和直觉观照方式协调人与自然、人与社会以及人与自我关系的精神哲学品格，以及旨在沟通必然与自由、感性与理性，在客观的合规律性与主观的合目的性统一基础上，实现人的自由这一基本精神的看法却还是大体相通的。

西方美学学科形成以来对美学的基本定位告诉我们，美学的基本品格是精神哲学，而其基本宗旨则是协调人与对象的主客体关系，实现人的精神自由；它的研究对象主要是感性的，以艺术为重要或主要内容，但又不限于狭义的艺术，它的研究方式却主要是理性的，是以理性方式对感性对象所作的精神哲学反思。对美学的这种规定具有学术上的普遍意义。

有必要强调两点：

其一，美学作为一门学科和作为一种思想的区别。美学作为一门学科是在美学思想发展的基础上形成的，是美学思想的理论化、体系化的结果。在西方，古希腊的毕达哥拉斯派就形成了非常有特色的美学思想，而柏拉图、亚里士多德则已形成了相当系统的美学理论，然而美学学科或美学科学的正式产生则已是近代德国古典美学的事情。在中国，先秦诸子尤其是儒家和道家已有了相当丰富的美学思想，然而美学学科的产生则是更为现代的事情，是西学东渐的结果。一旦美学学科形成之后，我们在传统精神文化的宝库中研究和确定美学资料的标准，自然应以美学学科对美学的基本品格和基本精神的定位为依据。

我们可以在同一传统、同一思想家甚至同一材料中整理出不同学科和精神文化的资料和因素，比如柏拉图和孔子，在《理想国》《论语》等典籍中，都包含有各自的政治思想、伦理思想、教育思想、文艺思想、美学思想等。由于当时各种精神方式尚未明确分工，各种理论形态尚未臻于成熟，因此许多古代思想文化资料是融合在一起的，现代学术研究就是要在这种融合中作出区分，而区分的标准，自然是各种学科和文化形态的基本规定。

其二，作为学科概念，中国的"美学"一词是从日本引入的，日本哲学家中江兆民在19世纪以《维氏美学》为名翻译了法国美学家Veren的著作*Lesthetique*（1878年），当代日本著名美学家今道友信认为这是汉字文化圈中使用"美学"一词的最早纪录。国内亦有学者认为"美学"一名较早见于德国传教士花子安《教化议》一书中。这一译名一经引入，就约定俗成，成为这个学科的固定概念。作为科学理论，中国的美学学科是由王国维、蔡元培、鲁迅等近代学者从西方介绍引入，而由朱光潜、宗白华、蔡仪等现代学者建立，并由众多的当代美学学者共同发展的。

作为一种精神文化意识形态，由于各种社会的、历史的、文化的背景不同，中国美学和西方美学在许多地方表现出不同的特色；然而作为一种世界性的学科和理论形态，它在质的规定性上应该是相通的。也许相对而言，中国的传统思维方式没有像西方自古希腊、德国古典哲学以来的学术传统那样注重对逻辑体系的追求与建构，因而在哲学美学的层面上少见亚里士多德、康德、黑格尔那样庞大而严谨的演绎体系，但在艺术美学的层面上则比之西方美学有着更高灵性的智言慧语，我们仍不妨碍用美学作为精神哲学的基本规定来整理中国的美学思想。

观照对象

为了更确切而合理地给美学定位，有必要对美学和文艺学以及艺术的关系作个简要梳理。就美学和文艺学而言，尽管两者有着最为紧密的联系，但它们之间至少存在着以下几点不同：

其一，就历史上看，美学无论就其思想还是学科，其形成和独立都比文艺学要晚，美学是比文艺学具有更为成熟的理论品格和理论体系的精神文化形态。其二，就研究范围和角度而言，一方面美学要比文艺学更广泛，它除了狭义的艺术之外，还将自然和社会人生中的各种审美现象作为自己的研究对象；另一方面它又比文艺狭窄，它并非全面地探讨艺术的具体形式和具体表现技巧，而是着重于探讨艺术的审美本质、审美规律和审美功能。其三，就科学性质而言，文艺学属于具体的人文学科，而美学则属于更为抽象的人文哲学，因此美学比之一般的文艺学要更为抽象和概括，更注重理论品格和思辨色彩，在实践中两者经常有交叉融合的状态，但是在学科理论上将两者等同是不妥当的。

美学与艺术更是属于两种不同的精神文化形态。尽管美学把艺术作为主要的观照和研究对象，但是一则美学有着比艺术（尤其是狭义的艺术）更为广泛的研究领域，二则美学与艺术本身就是两种不同性质的精神活动。艺术就其本质属于情感传达活动，而美学就其本质属于精神反思活动；前者主要运用形象思维，后者则更多地需要凭借理性思维。

在某些极端的情况下，甚至对艺术采取否定态度的观念也可以算作美学思想，比如柏拉图总体上对艺术是持否定态度的，在他的理想国里要给诗人们戴上桂冠而逐出去，因为在他看来，艺术煽动情欲，具有破坏道德的功能。但这一切并不影响我们把柏拉图看作古希腊最有影响、最伟大的美学家之一，中世纪神学美学中也不乏这种例子。在宋明理学家中，例如"作文害道""玩物丧志""道本文末""文词小伎"等看来颇为极端地否定艺术独立价值的观点，即便不对其原本内涵作深入而确切的辨析，仅就其字面作望文生义的理解，也无法否认这些观念的美学意义，因为他们仍是基于自身的哲学立场对文学艺术作了独特的观照与评价。

然而，在时下众多的有关中国古代文艺理论和美学理论的研究论著中，对美学与文艺学乃至艺术自身的把握往往亦此亦彼，在理论上缺乏更为明晰的梳理，在笔者看来这正是由于对美学的基本规定把握不够到位所导致的混同倾向。人们往往把中国古代的艺术理论直接等同于美学理论，或者把中国古代的美学理论局限于艺术理论，并由此得出中国古典美学重品味、重感性而不重逻辑建构本体探究的结论。

这个结论不能算错，但这里往往隐含着对两种不同层次的理论形态的混同——而且不仅仅是混同，甚至是反宾为主。正是由于这种研究取向，使研究者的视野大都集中或流连于中国古代艺术的领域，停留于艺术形态或艺术理论的层面，而忽视了对中国古典美学更深层的探讨，尤其是忽视了对以纯哲学或纯伦理学的面目留于世人心目中的理学家，一类中国正统哲人的美学思想的探讨。

其实，我们如果把研究视野放得更开阔一些，把研究视角挖得更深入一些，就可能发现，在这些被人们看作似乎与美学无缘的理论形态中，恰恰潜藏着深层的美学智慧，中国传统美学理论中所缺乏的思辨逻辑成分在这儿也许可以得到更多的发现。

在对中国美学研究对象及其所依据基础文本的理解上，笔者比较赞同张节末的思路。他有一个基本看法，认为中国美学史上的突破往往首先是在哲学层面上取得的，若是要对中国美学作基础的考察，那就必须直捣黄龙，从最基本的感性经验入手。因此，"与许多美学研究者相反，我的研究往往绕开文艺现象而落脚于哲学现象"①。他强调中国美学从起源上看是哲学美学而非文艺美学，它从一开始就具有形而上的特点。古人所沉思的美学问题首先针对人的一般感性经验，当这种感性经验趋于纯粹，就形成审美经验，因此，中国古代美学的基点是审美优先而不是艺术优先。

当然，笔者的思路与其并不完全相同，笔者认同中国美学的品格应是哲学美学的观念，但更想强调的不是艺术与审美何者优先，而是中国美学研究的领域不能仅仅局限于艺术的领域。正如业师朱

---

① 张节末：《禅宗美学》，浙江人民出版社1999年版，第327页。

立元教授所述:"美学之为美学,最主要的就在于它思考与探索一种理想的生存状态,换句话说,凡是关于一种和谐、健康、自由、充实的生存状态的思想,实质上都是一种美学或至少是美学的重要的思想资源。"①按这种现代学术思路理解,中国美学研究的视野就会开阔得多,不仅艺术是美学的研究领域,而且所有关于"和谐、健康、自由、充实的生存状态的思想",都是一种美学思想或至少是美学重要的思想资源。基于这样的理念,我们就没有理由排斥理学或心学进入美学。当然,这还要看它们是否具有可以与美学融通或进入美学的品格。

理学美学

这里,理学取其广义,即含理本论、气本论、心本论、性本论诸学派在内的主导于宋明时期的道德形上学,而不是狭义的理学即程朱理学。据笔者的考察,理学不仅仅是纯粹的道德伦理学,它有比纯伦理学更为广泛的外延,它是一种在特定时代形成而又跨时代的综合性、主导性社会思潮、理论形态和文化思维模式,包含着对自然、社会和人生各方面以及各种文化形态的思索与解释,因此其中也或多或少、必然地包含着对审美领域的见解,在理学的系统构架中除了自然哲学、人生哲学、宗教哲学、伦理哲学、教育哲学等外,也必然或多或少地包含着艺术哲学或审美哲学。

同时,既然美学就其基本品格属于精神哲学,就不仅自然会受社会主导学术思潮、理论形态和思维模式的影响,而且本身就可能成为这种哲学思潮和理论形态的组成部分。在这个基点上,理学与美学就不仅不是无缘的,也不仅仅会发生深刻的影响,而且本身就包含着美学的成分。我们可以从理学范畴系统蕴含的美学境界和理学家自身的艺术实践及对艺术的哲学观照两方面来更具体地说明这一点。

---

① 朱立元主编:《美学》,高等教育出版社2001年版,第17页。

范畴内涵

让我们首先来探讨理学范畴系统中蕴含的美学智慧。以下是历来公认的理学代表人物的理学范畴体系：

一、周敦颐的理学范畴：

道、无极、太极、阴阳、五行、动静、性命、善恶、诚、德、神、几、无思、无为、无欲、刚善、柔善、中、和、乐、公、明、顺化。

二、张载的理学范畴：

太和、太虚、气、性、神、道、理、两、一、有、象、化（神化）、心、能、诚、明、乐。

三、程朱的理学范畴：

命、性、心、情、才、志、意、仁义礼智信、忠恕、诚、敬、恭敬、道、理、德、太极、皇极、中和、中庸、礼乐、经权、鬼神。

四、陆王的理学范畴：

心、理、意、物、本心、真己、良知、致良知、知行合一、真诚恻怛、现成、当下、恒照、易简、顿悟、体认、洒落、乐。

蒙培元在《理学范畴系统》中把理学范畴分为四大部分：第一是作为宇宙论与本体论的"理气部分"；第二是作为人性论与人生论的"心性部分"；第三是作为认识论与方法论的"知行部分"；第四是作为理学范畴体系之完成的"天人部分"。

在整个理学范畴体系中，理气部分解决宇宙的生成与本原问题，心性部分解决人的道德本性问题，两者构成主客体的对应关系。前者是理学范畴系统的基础、前提和出发点，后者则是理学范畴的中心环节。理学的特点就在于从宇宙论说明人性论，从宇宙本体说明人的存在，把人之道德本性提升到宇宙本体的高度，从而确定其绝对自律的地位。知行部分是连接理气部分和心性部分，沟通人和自然、主体和客体的中心环节。天人部分则是理学范畴体系的最后完成。天人关系既是这个体系的起点，又是它的终点，从天、人开始，经过人与天，主体与客体的充分展开之后，再经过主体自身的认识和实践，重新实现两者的合一。[①]

在笔者看来，如果不是孤立地执着于范畴的字面意义，而是从

[①] 参见蒙培元：《理学范畴系统》，人民出版社1989年版。

对立统一的角度对它作更深入的、辩证的、综合的考察，就可以发现这些貌似与美学相距千里的理学范畴，其实可能包含着深刻的美学智慧，它们不仅仅是为美学问题提供了哲学基础，而且有的本身直接就属于美学范畴，（如"乐""情""化""悟""洒落"等）。

据笔者的初步考察，可以这样认为，在理学范畴系统四大组成部分中，"理气"部分包含着对美的本体和现象的解释，"心性"部分包含着对审美情感及其心理机能的认识，"知行"部分包含审美认识和审美修养方面的内容，"天人"部分则更是集中地包含了理学家对人生的审美体验和审美理想。理学范畴美学智慧主要表现在以下三个方面：

第一，理学本体论与美学本体论。在理学范畴系统的"理气"部分中"气""道""理""心""象""物"及"太虚""太和""神化""象""体用""动静""阴阳""刚柔"等本体和功能范畴，包含着理学家对美的本体及其现象的解释。

如持气本体论的张载认为"凡象皆气"，"气聚则离明得施而有形"①，这些哲学范畴和命题包含着这样的美学内涵：美不是在虚无或心念中凭空产生的，而是有"气"这个物质性基础的；美的本体既不是空虚的"无"或观念性意识存在，也不是某种具体的实体性物质存在（"客形"），而是一种既具有形象性又非某一具体形象，既属物质性存在又非属某一具体物质的"气"极其微妙的表现。

持理本体论的朱熹认为"文皆是从道中流出"②，"鸢飞鱼跃"是"道体随处发现"③，"满山青黄碧绿，无非天地之化流行发见"④，它们的美学内涵在于：美的本体是先验的"道"或"天理"，美的产生是道或天理的流行发见。

持心本体论的王阳明则认为"心外无物"，"意之所在便是物"（《传习录上》，《全集》卷一，第6页），如山中观花，"你未看此花时，此花与汝心同归于寂；你来看此花时，则此花颜色一时明白起来。便知此花不在你的心外"（《传习录下》，《全集》卷三，第108

---

① 张载：《太和篇》，《正蒙》，《张载集》，章锡琛点校，第8页。
② 黎靖德编：《朱子语类》卷一百三十九，王星贤点校，第3305页。
③ 黎靖德编：《朱子语类》卷六十三，王星贤点校，第1534页。
④ 黎靖德编：《朱子语类》卷一百一十六，王星贤点校，第2795页。

页），对于这些范畴与命题，从美学的角度可以作这样的理解：美的本体既不是物质的实在，也不是先验的、外在的客观天理，而是灵明照觉之本心良知，现象世界感应于吾心之体而呈现出美的现象或带上美的意义。

第二，理学主体论与审美主体论。在理学范畴系统的"心性"和"知行"部分中，"心""性""情""欲""虚""静""诚""明""中和""易简""顿悟""体认""工夫"等理学范畴，涉及了有关审美主体之审美心理、审美情感、审美心胸、审美态度、审美修养等多方面思想。

以张载为例，在理学家中，张载最先区分"天地之性"和"气质之性"，前者是由天德而来的绝对至善的人性，后者是由气化而来的善恶相兼的人之感性素质存在。在他看来，"形而后有气质之性，善反之，则天地之性存焉"①，人要返回"天地之性"，达到"与天为一"的境界，需要经过"大心""尽心"的途径进行"穷神知化""穷理尽性"的认识和修养。所谓"大心""尽心"其要义就在于通过"无私""无我""虚明""澄静"的直觉体悟使主体进入与天地万物上下通贯的精神境界，达到对微妙莫测而又至高无限的"天理"的内在体认。"大其心则能体天下之物"②，"心既弘大则自然舒泰而乐也"③，"无我然后得正己之尽，存神然后妙应物之感"④，这既是一般的道德认识论和修养论，也微妙地表述了审美认识和审美修养的特殊规律。

张载还提出"虚明照鉴，神之明也"⑤，据王夫之的解释，"照鉴"是"不假审察而自知之谓"⑥，相当于直觉。在审美过程中，审美主体最基本的特征正是需要抱着"虚明""澄静"的心胸和态度，通过"不假审察而自知"的直觉过程，达到对审美对象的体认。此外，理学家们常喜欢说"易简工夫""豁然贯通""心觉""顿悟""存神过化""穷神知化"等等，作为一般认识论或有神秘主义的色彩，

---

① 张载：《诚明篇》，《正蒙》，《张载集》，章锡琛点校，第23页。
② 张载：《大心篇》，《正蒙》，《张载集》，章锡琛点校，第24页。
③ 张载：《气质》，《经学理窟》，《张载集》，章锡琛点校，第265页。
④ 张载：《神化篇》，《正蒙》，《张载集》，章锡琛点校，第18页。
⑤ 张载：《神化篇》，《正蒙》，《张载集》，章锡琛点校，第16页。
⑥ 王夫之：《张子正蒙注》卷二，王孝鱼点校，中华书局1975年版，第61页。

但用于审美认识领域，却极富于启发。

第三，理学境界论与审美境界论。最值得探讨的是在理学范畴系统的"天人"部分，"天人合一"作为理学家的最高理想境界，更是充满了美学的智慧。

理学家虽把"天"本体化，说成是形上的本体存在，但这"天"是"极高明而道中庸"(《中庸》)，形上者即在形下者之中，不离形下而存在。与西方宗教神学中令人敬畏、恐惧的彼岸不同，理学家意识中的"天"被说成是"生生不息"的自然过程，气本体论者以气为天而表现为气化过程，理本体论者以理为天而表现为天理流行，心本体论者以心为天而表现为生生之意。他们都主张以人心体现天地生生之心，人心即天地生物之心。因此理学家的"天人合一"，不仅是主体通过直觉认识和自我体验实现同宇宙本体的合一，而且是实现人和自然的有机统一。

通常人们把理学家们追求的人格境界仅仅看成是一种"敬畏"的道德境界，其实，在宋明理学家那里，最高的人格境界不仅是道德的，而且是审美或准审美的，因此又更是一种"洒落"境界。作为理学家的最高理想境界的"天人合一"境界，正是一种充满美学色彩的洒落的人生境界，他们所经常表达的"鸢飞鱼跃""活泼泼地""一气流通""浑然与物同体"等理想境界，正是对人和自然和谐统一的审美式体验。揭开理学家"存天理，灭人欲"的十分威严的岸然道貌，他们在内心深处却普遍向往洒落自得、浑然至乐的人生风范、人生境界和人生体验，认为这种"乐"的人生风范和境界是人生的极致，而且只有通过"乐"的人生体验才能达到这种人生极致。

按冯友兰先生对宋明理学精神的理解，它的目的是要在人生的各种对立中得到统一，这些对立面主要是主体和客体、殊相与共相的矛盾，理学的主旨就在于通过日积月累的修养工夫，由量变达至质变，在"一旦豁然贯通"中实现主体与客体、殊相与共相的统一。得到这种统一的人亦得到一种最高的幸福即"至乐"，人一生都在殊相的有限范围内生活，一旦从这个范围解放出来，他就会感到自由和解放的快乐，从有限中解放出来体验到无限，从时间中解放出来体验到永恒。这就是由道德的敬畏而达到人生的洒落境界。所谓"浑然与万物同体""即其所居之位，乐其日用之常""而其胸次悠然，直与天地万物上下同流"，所谓"浑然天成""端祥闲泰""俯仰自得，心安体舒""鸢飞鱼跃""无入而不自得",都是这种理想境界的形象表述。

理学家"天人合一"的理想境界,按现代的语言说正是真、善、美三者的统一,也就是真理境界、伦理境界和审美境界的统一,它分别由"诚""仁""乐"三个范畴代表,其中"诚"是"真实无妄"的意思,是主体精神和宇宙本体合一的真理境界;"仁"是"心之德""生之理"即道德本体的全称,是主体意识和天地"生生之理"合一的道德境界;"乐"则是超理性的情感体验,是主观目的性和客观规律性合一的审美境界。王阳明称"诚"为"实理","仁"为"生理","乐"为"情理"。在这种具有层次性的境界系统中,"诚"是基础,"仁"是核心,"乐"是目的;也就是说,以对道德人生的审美体验为基本内涵和基本特征的"乐",成了理学范畴系统中表达理想境界的最高范畴,"乐"的境界成了理学家追求的最高境界。

尽管这种"乐"从来就不是纯粹的美感体验或纯粹的形式美,它作为一种本体论的超越的体验,渗透着伦理的内容,但它毕竟以情感的审美式体验作为基本的和必要的因素与特征。王阳明说过:"乐是心之本体,虽不同于七情之乐,而亦不外于七情之乐。"(《传习录中》,《全集》卷二,第70页)它超情感而不离情感,超理性而不失理性,是伦理与审美的高度统一。李泽厚认为"这个本体境界,在外表形式上,确乎与物我两忘而非功利的审美快乐和美学心境是相似和接近的",这是"属伦理又超伦理、准审美又超审美的目的论之精神境界"。①在笔者看来,不仅在外表形式上,而且在深层的精神内涵上,这种理想境界也是与审美境界相通的。审美的精神实质在于通过以令人愉悦为主的情感体验,消融主客体之间的矛盾而达到精神的自由,理学家追求的理想境界以及实现这种境界的工夫,都深刻地包含着这种审美精神。这就是,"乐"的境界和"乐"的工夫。

理学范畴系统始于本体论而终于境界论,这种境界即天地境界,也即本体境界。如上所述,在这种以主体情感体验中的"天人合一"为人生最高极致的范畴系统中,包含着丰富而深刻的美学内涵,道

---

① 李泽厚:《宋明理学片论》,《中国古代思想史论》,第238页。

德人生的审美体验成为理学境界和工夫中必不可少的内容。

诚然，作为道德形而上学的理学范畴，其基本内容和主要用心是解释人的道德形上本性以及提供完满地实现这种形上本性的理想途径。然而，由于从范畴学的角度看，理学基本上是情感型的道德哲学，而不是理智型的分析哲学①，它对情感意志等主体意识的自我体验的极端重视，对人生之超功利的、以道德情感的自由体验为特征的理想境界的热衷追求，使其在强调道德理性的同时，又充满了人情味，这就不自觉地将主体情感及其自我超越（也包括审美情感）当作了自己的重要内容。

从思维学的角度看，理学虽然在中国传统哲学中是最富于理性的，但就总体而言，它还属于着重于处理人生辩证法的"实用理性"。在思维方法上，它虽然也重视抽象的思辨，但与西方的分析哲学相比，还是"毋宁更欣赏和满足于模糊笼统的全局性的整体思维和直观把握中，去追求和获得某种非逻辑、非纯思辨、非形式分析所能得到的真理和领悟"②，整体观照、取象比类、直觉体认还是其非常突出的特征，这在"心本体"论则表现得更为突出，这就使其在思维方法上更有与审美思维相通之处。

从文化价值学的角度看，与西方的"罪感文化"不同，理学代表的是一种对宇宙人生充满乐观主义态度的"乐感文化"，它所崇尚的"不是理性与感性二分、体（神）用（现象界）割离、灵肉对立的宗教境界"，而"是一种体用不二、灵肉合一，既有理性内容又保持感性形式的审美境界"，③这种最高理想境界的精神实质是主观心理上的"天人合一"，即所谓尽性知命、穷神达化，在"浑然与万物同体"中达到最大快乐的人生极致。这种理想境界是十分高远的，又是十分普通的，是人在日常生活中可以实现的，即所谓"极高明而道中庸"。实现这种理想境界的途径不在于宗教崇拜式的外在超越，而在于审美体验式的内在超越，这就使它的理想境界及修养途径包含了审美因素。所有这些，都为理学范畴与美学精神的契合提供了内在的契机，并使理学构架内在地包含了审美哲学。

---

① 参见蒙培元：《理学范畴系统》，第419—528页。
② 李泽厚：《试谈中国的智慧》，《中国古代思想史论》，第305—306页。
③ 李泽厚：《试谈中国的智慧》，《中国古代思想史论》，第310页。

艺术见解

如果说，理学范畴系统中的美学内涵主要还是在对宇宙人生的总体看法中所透出的美学意味，那么，理学家自身的艺术实践及其对艺术的哲学观照与见解则是更为直接地展现其美学智慧。

在理学代表人物中，周濂溪、张横渠、邵康节、二程、朱子、陆象山、王阳明，谁也不是形同泥塑、毫无生活情趣和艺术修养的书呆子，相反，他们大都博学多艺，既精道德性命，亦通文学艺术。虽然从总体而言，他们大抵都由于对义理本原的刻意强调而对文学艺术有不同程度的轻视，但又都并未忘怀文学艺术，有的甚至还往往写诗、作画，挥毫成癖（程颐比较例外），并对文学艺术发表过许多深刻的、影响极为深远的见解，尽管有些见解在今天看来是相对消极的，但并不能因此否定它的美学意义。

就文学创作而言，周濂溪的《爱莲说》、程明道的《秋日偶成》、朱熹的《读书有感》《春日》等成为文学史上传世的名篇，"万物静观皆自得""万紫千红总是春""为有源头活水来"等脍炙人口的名句则至今犹为人们广泛传诵，具有永恒的艺术魅力。王阳明如不是因为他在心学和事功上的巨大贡献和影响遮蔽了他在文学上的名声，他的艺术才情和成果都是一流的，在文学史上当占重要的一席。《四库全书总目》在指出其学术成就的同时，亦言其"为文博大昌达，诗亦秀逸有致"[①]。

至于对于艺术的哲学见解，则比之他们的艺术实践更有影响，几乎所有的理学家都研究过《诗》和《乐》，虽然他们往往是从经学的角度着眼的，但在具体见解中却有不少美学内容，如周敦颐《通书》中的《礼乐》篇、张载《经学理窟》中的《礼乐》篇，以及程颐《伊川经说》，朱熹《四书集注》《朱子语类》，王夫之《张子正蒙注》《读四书大全》等著作中有关礼乐的论述。再如朱熹《诗集传序》和《朱子语类》卷一百四十、邵雍的《伊川击壤集自序》及有关诗篇，都对《诗经》及诗歌的性质、功能特征等方面发表了不少有价值的见解。

此外，如邵雍提出的"观物说"，周敦颐提出的"文以载道"

---

① 永瑢等：《四库全书总目》卷一百七十一，第1498页。

说，二程提出的"作文害道"和"玩物丧志"说，朱熹提出的"文从道出"说、"感情道情"说、"托物兴辞"说、"气象浑成"说、"涵泳自得"说、"远游精思"说等在美学史上都具有很大影响。邵雍在其《逸书吟》《大字吟》中表达的书法美学见解，在《史画吟》《诗史吟》和《诗画吟》中从比较的角度阐述史、诗、画的功能特征及其区别，从而表达的审美形态学见解，张载在《经学理窟·礼乐》中注意到地理环境与民情风俗及艺术风格的关系，从而表达的艺术社会学观点，这在当时都是难能可贵的。而王阳明在《传习录》中基于人之本性喜放松而苦拘束，因而主张利用诗、乐对儿童进行审美教育的著名见解，以及王夫之在《姜斋诗话》和《古诗评选》中表达的系统的诗歌美学理论，更是中国古典美学中不可忽视的瑰宝。

总之，无论从理学范畴系统中的美学内涵，还是从理学家自身的艺术实践和对艺术现象的美学见解来看，我们都无法抹杀理学与美学的关系，无法忽视理学美学的客观存在。那么这种美学内容有没有其独特的理论品性和形态特征呢？笔者的回答是肯定的。因此，笔者之所以提出"理学美学"这个概念，这不仅仅是指理学家的一般美学见解，而是指一种既与传统儒家美学有密切联系，又与其在理论品性和形态特征上有所区别的中国古典美学的特殊形态，可以说，它是中国古典美学本体化、功能化和思辨化的特殊形态，是中国古典美学发展史中一个客观的必然的环节。

心学美学

如果说理学已可内在地包含美学的因素，或者说可以称为"理学美学"，那么，就理论品格和思辨特征而言，作为广义理学的一个重要学派的心学更切近美学，"心学美学"更是一个顺理成章的概念。

美学契机

从心学的渊源看，先秦孟子心性哲学所提出的"尽心知性知天"（《孟子·尽心上》）、心性之"充实之谓美"（《孟子·尽心下》）及"理义之悦我心，犹刍豢之悦我口"（《孟子·告子上》）的思想，已切入了美学的领域，高扬了心性美学的主体性原则，揭示了心性道德体验通向审美愉悦的可能，以及"良知""良能"作为这种审美体验的心本基础，"尽心""养性"作为实现这种审美体验并付诸道德人格实践的修养工夫。

宋代初期理学的心学意识，如理学祖师周敦颐主张的"诚"及"孔颜乐处"的宇宙意识及人生风范，理学奠基者张载提出的"大心"说及《西铭》所揭橥的"民胞物与""性帅天地"的宇宙境界和修为工夫，程颢的"识仁"说及"浑然与物同体""体之而乐"的宇宙人生境界与体认途径，已从心性本体与天地万物的本在合一，人生境界与宇宙境界的一体贯通，大心体物与超越境界的现实生成的角度，洋溢着心性美学的本体与工夫智慧。

至宋明心学的奠基者陆九渊"发明本心"①"吾心即是宇宙"②的本心意识，"心理悟融，出于自得"③"物各付物"④的直觉体验及证成本心之"易简"工夫论，则更从本心智慧对庸常意识及物欲杂念的超越，体认工夫对直觉思维的强调，明心观物意识对"习心""习见"剥离的角度，凸显了心学美学的精神意趣。本心所发明的境界，不仅是现实的道德的，更是超越的自得的；本心所体认的境界，不仅有伦理的至善与崇高，更有审美的自由与愉悦。道德与审美在"本心"发明的境域得到了内在的融合，道德本体作为审美的可能，在本心的作用中得到了自由通达的生成。

象山弟子杨简"吾性澄然清明而非物，吾性洞然无际而非量"⑤的自性观和"直心直意，匪合匪离"⑥的直觉论，更与审美思维不无相通之处，"非物非量"即是"与物无对"，超越无执；"直心直意"即是"良知朗照"，本心直觉；"非合非离"即是不离物象而不拘物象，不离形下而超越形下，是本心的灵觉妙用，正与审美观照

---

① 陆九渊：《年谱》，《陆九渊集》卷三十六，钟哲点校，第523页。
② 陆九渊：《杂说》，《陆九渊集》卷二十二，钟哲点校，第273页。
③ 陆九渊：《年谱》，《陆九渊集》卷三十六，钟哲点校，第493页。
④ 陆九渊：《与赵监二》，《陆九渊集》卷一，钟哲点校，第10页。
⑤ 黄宗羲原著，全祖望补修：《慈湖学案》，《宋元学案》卷七十四，陈金生、梁运华点校，中华书局1986年版，第2468页。
⑥ 黄宗羲原著，全祖望补修：《慈湖学案》，《宋元学案》卷七十四，陈金生、梁运华点校，第2476页。

大有干系。明代心学家陈献章"至大者道而已"①，君子"浩然自得"的"道"自然境界论及"心"为得道之"枢机"的心直觉本体论，湛若水的"万事万物莫非心"②和"随处体认天理"③的修养工夫论，都蕴含着通向心学美学的境界和意趣。

阳明心学与美学融通的契机更为内在而深切。就本体论理路而言，心学的"本体"不仅是一个超越的绝对本体，也是一个感性的"亲在"（借用海德格尔存在主义的术语）本体，较之与个体之心或"亲在"较为悬隔的"理本体"，心本体更体现了绝对与此在、理性与感性、共在伦理与个体情感的交融，而且更突出地强调了本体在境域中的当下生成、澄明或呈现，这种本体思路也就更切近美学的品格。"心外无物""心物同体"的心物关系，"良知灵觉"和"与物无对"的本体论立场，可引申出心物一体、良知为本的本体美学，美即存在世界的良知澄明；"意向为物"与"感应为物"的意向感应关系，"物各付物"的直观呈现视角，可引申出意在为物、境域呈现的现象美学，美即现象世界的意向感应与境域呈现。

就工夫论途径而言，心学"工夫"不是一种支离分解的学理工夫，较之向外探求的"格物致知"，"致良知"的工夫更突出地强调了本心良知在境域中活泼泼的时机化体认与证会、践履与澄明，这是一种身心俱会的直觉生命体验，更是一种悟养交融、直指生命圆境的自由生存实践，这种身心工夫更切近审美体验和审美实践的特征。不拘泥于义理文字，不执着于现成规范，不滞碍于器物"相缚"的"感触神应"与"静悟天机"可引申出缘机体认、直觉顿悟的体验美学；而"即知即行""真知真行""恶恶好好"的知行取向，"事上磨炼""随事尽道"的生命践履，更可引申出知行合一、随事尽道的行动美学，其宗旨即为境界的呈现、生命的圆成。

可以说，阳明及其心学就其精神宗旨和理论内涵，正现实地和逻辑地包含着基于本体工夫论的心学美学，本体—工夫—境界则是阳明心学美学的内在逻辑。

---

① 陈献章：《论前辈言铢视轩冕尘视金玉》，《陈献章集》卷一，孙通海点校，中华书局1987年版，第54页。
② 湛若水：《湛甘泉先生文集》卷二十，《四库全书存目丛书·集部·别集类》五七，齐鲁书社1997年版，第57页。
③ 黄宗羲：《甘泉学案一》，《明儒学案》卷三十七，沈芝盈点校，第876页。

研究现状

事实上,国内已有学者展开了对心学与美学关系尤其是阳明美学思想的研究。据笔者所见,这方面的成果在专著中由赵士林较早地涉及,他在20世纪90年代初发表了博士论文《心学与美学》[①]。然诚如著者序中所言,该研究是心学多于美学。书中对阳明美学思想的探讨着重于心学对明清艺术思潮的影响,其对于心学与美学关系的研究有草创之功,而对心学美学本身,即其作为独特的理论形态尚未作深入的探讨。陈望衡在其专著《中国古典美学史》[②]中,列有"宋代理学与美学""明代心学与美学"两章,注意到了宋明理学及心学所涉及的美学问题,然由于受该书结构和篇幅的限制,主要还是囿于对宋明理学和心学家有关美学材料与观念点到辄止的梳理,没能充分地展开。左东岭在其专著《王学与中晚明士人心态》第二章第三节"王阳明的求乐自适意识及其审美情趣"中,结合王阳明的生平探讨了他的"求乐自得"的心学品格与审美情趣,对其艺术情趣谈得较多,而哲学分析似嫌不足。

值得注意的是王振复先生在其专著《中国美学的文脉历程》[③]中第一次明确地提到了"道德本体:审美如何可能"的问题,在笔者看来,恰恰正是这个问题抓住了研究宋明理学和心学美学的关键。宋代理学和明代心学何以进入美学,正需要首先回答"道德本体的审美如何可能"的问题。王著从物质、制度与精神这文化之三维来观照宋明理学与审美之关系,认为这是一个综合。尤为重要的是,理学以儒学为主干,又历史地兼容了释、道的文化因素,具有深广的思想容量、深邃的思想伟力与精致的思辨性,它继承了原始儒学与两汉经学又超拔于前者,它无可逃避地披着原始道学、魏晋南北朝的玄学以及隋唐佛学的历史尘埃又加以超越,成为这一伟大民族以儒为本的兼综释、道的理性思想与思维的真正成熟,是儒、释、道三家之融合的真正完成。从这一点上看,宋明理学的美学意义及其对于艺术审美的影响,又无疑具有"综合"性。从美学上看,大凡人性,治世(儒)、治身(道)与治心(佛),各自表达了人性的

---

① 该论文已正式出版,见赵士林:《心学与美学》,中国社会科学出版社1992年版。
② 陈望衡:《中国古典美学史》,湖南教育出版社1998年版。
③ 王振复:《中国美学的文脉历程》,四川人民出版社2002年版。

三种内在生命力的冲动。三学（教）各偏于人性实现之一面，三学（教）合一才是相对完成的人性之健全。

王著又敏锐地切入了宋明理学的文化主题，即彼此相关的道德"本体"与道德实践"工夫"，并进而提出道德作为本体如何可能及其在道德本体观念支配之下的自由之道德人格与生命精神的实现与践行在审美上如何可能的问题。王振复先生别有见地着眼于人性的四大快感（崇拜感、理智感、审美感与道德感）在"幸福感"上的相通，指出了道德感与审美感之间存在一种本在的精神联系。著者指出，道德不等于审美，但两者具有一定意义上的同构性，道德与审美在本原上，都是人的本质的对象化。在深层次的人性、人格之解放与人的自我完善这一点上，道德与审美具有同构性与比邻性。这就是从道德走向审美的本体依据。这种分析是相当深刻而具有说服力的。不过笔者感到意犹未尽的是，在指出"幸福感"作为道德与审美的本在精神联系后，似还可以强调作为审美体验的这种"幸福感"，还更突出具有"无善无恶""无执无滞""灵明照觉""无入而不自得"的自由感受的特征，审美感作为一种最自由的体验，在"幸福感"上区别于宗教的崇拜感、理性的理智感以及伦理的道德感，正在于"无入而不自得"的超越性、自然性、自在性与自由感。

在哲学基础上，王振复先生认为宋明理学的美学并不是建构于现象与本体二元相分的逻辑，而恰恰是体用一原、天人合一。同时，它十分强调道德审美之所以可能实现的条件与途径，唯赖于道德主体自觉的存养工夫，道德的审美实现在终极意义上是具有不离世间的神性的，但其"工夫入路"却是人这一主体自做主宰、挥斥神性的，它是人的心性（性理）的改造与觉悟。

宋明理学之美学的高远的"星空"（苍穹）与"道德律令"，是属人的而非属神的体与用、形上与形下的一种现实的审美关系。"天理"是崇拜与审美互为涵容，"头上的星空"与"心中的道德律令"的双兼、映对。"天理"是理、象一如，体、用不二，"至微者，理也；至著者，象也。体、用一源，显、微无间"[①]。这里，"理"之"象"，是"理"的感性显现；"象"之"理"，是"象"的理性积淀。

[①] 程颐：《易传序》，《周易程氏传》，王孝鱼点校，中华书局2011年版，第1页。

"体"之"用",是"体"的伦理功能;"用"之"体",是"用"的伦理之本体依据。"显"之"微",是"显"的内在种因;"微"之"显",是内在种因的外在光辉。理象、体用与显微,便是一个既崇拜又审美,既至善又至美,既是实用理性(道德理性),又在这"理性"之中默然积淀着某些感性因素的"天理"。这种基于历史、文化、哲学的基础视野对宋明理学和心学的美学意义所作的探讨,较之前人更为深刻而精到。

对于王阳明心学的美学思想,王先生也作了独到的分析。首先肯定王阳明的"良知"即"本心"。"本心"者,为"本体"之"心"。王阳明所言的"心",不是生理学意义而是人文、心理学意义上的,是指人的主观意识、直觉与了悟力。而王阳明所言"理",是隶属于"心"的有条理而虚寂的"理性"品格。"心即理"体现了一种虚寂、空灵的境界。"心外无物","理在心中",心中之理是虚寂而空灵的。这便是"心"的"理性"品格,一片澄明之心境。

对于"花树问答"的美学意义,王先生作了这样的阐释:凡言世界,总是对人而言的,因而,世界总是人文的世界、意义的世界。审美是一种具有精神哲学品格的意义的世界历史地向人生成,同时亦是具有这一品格的主体历史地向意义世界生成。他特别指出:王阳明对"灵明"的推重,具有不容忽视的审美意义。"灵明"是审美主体的一种澄明、虚灵的心境与素质,是不无错失地包裹于"世界唯心"见解之中的对审美自由的肯定。"灵明"不是什么,它是天生的一颗灵气四射的"明白"心,又是"心"之"致良知"的一种精神自由状态。"灵明"便是"致良知","致良知"便是回归于"本心"。这"灵明",便是世界及其美与神秘的"主宰"。无疑,这"主宰"说里,包含着王阳明对精神自由之审美的悟解。

对于"四句教"的审美意义,王著从心之自然本质解其无善无恶,"心"作为美之本体,"无善无恶"。"无善无恶心之体",本体之心既然是无善无恶之性,那么,这种无先天偏颇、无系累、无缺失的"心之体",就不仅是后天道德培养与道德建构之完善的心性原型,而且是人性与人格之审美的精神故乡。后天道德与审美的实现,无一不是向这一心性原型与精神故乡回归。最后,王先生强调"四句教"的真正美学意义,在其标举"主宰"之说,倡导"心"之解放与自由,高扬主体自由人格。良知自作主宰,知动知静,知进知退，知是非，知生死，"知几其神"（《周易·系辞下》）即见微知著，知善知恶，这正是一种洞达、觉悟的人格。作为一位扎实而审慎的学者，王先生对阳明心学的美学思想作了深刻而精到的分析，但始终没有用"心学美学"这一观念，笔者则不吝冒昧，想直接以"心学美学"的概念来探讨阳明美学智慧。

近年来又有一些学者在其论文中较为集中地涉及了王阳明美学思想的研究。在这些研究中，肖鹰的系列论文较专门而有理论深度，对阳明的美学思想有更为微观具体的探讨，对其思辨方法和精神旨趣也有更深刻灵动的观照、分析与比较，其研究主要涉及阳明心学美学思想的以下问题：

1. 心外无物、与天地为一的审美精神

肖鹰从对阳明心学的重要命题"心外无物"的阐释入手，揭示阳明美学的天地意识。他认为，根据阳明的心学精神，在良知之心成己成物而创造性的实现之意义上，"心外无物"也就是"心物同体"。心物同体，不是就直观现象而论，而是就存在的本真状态而言，人个体自我的存在是心物同体的现实展开，人与物的本真存在（意义）必须在个体自我心物一体的生命意识中才能得到实现。在这一点上，阳明的"心物同体"说与海德格尔的存在哲学关于此在存在（个体存在）的超越性观念非常接近。从美学上说，阳明强调天地意识，并以之为审美观照的核心，实质是重新启发并强调个体自我与世界为一体的整体生命意识。阳明美学把个体自我的生命展现为个体与世界、感性与理性、本体与现象的统一的存在境界：自我与天地一体的生命本真之乐。因此，既否定了以普遍原则代替个体意义的理学答案，也否定了以实际成效为标准的功利原则，而确立了良知本体论的心学美学原则。①

进而，肖鹰从历史渊源的角度，探讨了阳明与天地为一的审美精神对中国传统美学的继承和发展。这种渊源，主要可以追溯到《易传》创化性易象（意境）、庄子的天地精神以及玄学和理学的"与物无对"。阳明哲学的两个基本原则——知行合一、体用一源，

---

① 肖鹰：《心外无物与天地意识——王阳明美学一解》，《天津社会科学》2000年第6期。

决定了本体、工夫和境界的同一。在这个前提下，对天地的审美观照，就是对天地万物的本体和生命的"道"观照，因此，以良知为个体自我与天地万物相互感发的境界，就成为阳明美学的出发点。在阳明这里，"与物无对""心外无物""心物同体"是三位一体的，其意义是，良知本体论的心物同体，必然实践地展开为存在境界的心外无物，而审美心境的与物无对则是对这存在境界的直接体认和呈现。

这就揭示了阳明美学的一个深层本质，就是坚持人生境界的始终一贯的统一性和完整性。正是在这个意义上，作为理想的境界，"乐"是以天地精神为核心的生命意识的呈现，它的对象是大象无形的天地境界或宇宙生命。在以创化为本体的境界中，乐的意义就是人我内外、天地万物一气流通。从新旧转换的时代意义讲，阳明"与物无对"的天地境界，作为自我生命本真状态的展现，就是对"理"和"欲"的双重超越和解放。对于阳明，个体存在的最高意义还在于，自我生命的真正实现直接展开为宇宙无限意义的创化，因此，体认，亦即审美观照具有实践（工夫）的基本意义，在这一点上，阳明心学美学比之朱子理学美学更突出了知行合一的心学立场。①

2.文道合一的艺术境界

肖鹰认为，阳明对"文从道出"的重新阐发，目的是要重新提示文与道的内在统一性，从而在根本上扭转"文以载道"命题下的文道相分趋向，重新实现文道一体。在他看来，阳明与朱熹在文道观上有着根本差别，朱熹主张文道相分、道先文后，阳明主张文道体用一源、显微无间。两人都在发生学的意义上主张道本文末，然朱熹在本体论上仍主张道本文末，而阳明在本体论上却主张文道体用一源，本末体用一体为一、一以贯之的心学立场使其实际上统一或消解了"道本文末"的发生学观念。②与理学把生活性与精神性，

---

① 肖鹰：《与天地为一的审美精神——王阳明对中国传统美学的继承和发展》，《哲学研究》2001年第2期。
② 按，在这一点上，笔者的理解与肖鹰先生有所不同，笔者认为朱熹的"道本文末"主要是基于本体论而非发生论。朱熹的"文皆从道中流出"之"流"，着重是本体"显现"的意思，而非具体发生的意思。

即感性与理性统一的"乐"纯精神化,甚至观念化相对,阳明在"生""气""性"三者同一的意义上,重新阐发"乐"的生活性和精神性,感性与理性双重属性,乐即是存在与境界的统一——生命本真状态的展现。阳明美学的最高理想是生命的本真展现,由此构成了阳明美学的核心思想:真正的审美境界不只是由审美直观和想象构成的幻象,而是个体生命与宇宙生命本体统一的现实生成。①

3. 意统情志的美学转向

王阳明处于传统中国社会向近代社会转换的时期,阳明心学对程朱理学的同室操戈成为明中后叶中国传统思想发生变革的关键,阳明心学美学在历史上的意义也在于此。肖鹰认为,阳明美学处于传统美学向近代美学转变的前夜,它的特殊贡献在于对传统美学的转化和对近代美学的预见。

在他看来,志、情、意是中国传统美学关于审美——艺术内涵的三个基本概念,在不同的时期,分别成为审美意识的核心。在其知行合一、体用不二的哲学基础上,王阳明致力于以意为中心统一情志。情志统一的意义在于:一方面,它直接冲击了代表僵化的传统精神的以"志"为本的理学美学;另一方面,它先期肯定并提供形而上学根据给具有近代人文主义精神和现实主义精神的"情"的观念。

在情志意三者之间,王阳明坚持了两个原则:相对于传统的"志"与新兴的"情"的对立,他坚持情志一体;相对于传统的以"志"为中心和新兴的以"情"为中心,他坚持以"意"为中心;因此,阳明美学正是处于以志为中心的传统美学和以情为中心的明清新兴美学之间的一个重要过渡。他的承前启后也具有了双重的意义:反对理学所代表的"文以载道"的传统美学精神,以开启"独抒性灵"的新兴美学精神;同时,反对新兴美学精神对情感欲念的偏执而努力复兴情志(理)统一的美学精神。②

肖鹰认为阳明美学与西方现代美学具有可比性,比较的对象主要是存在主义和现象学的哲学美学,他把20世纪的海德格尔看作是阳明的一个遥远的回应,阳明的"心物同体"与海德格尔所谓"领

---

① 肖鹰:《文道同一的阳明美学》,《学术月刊》2001年第4期。
② 肖鹰:《意统情志的王阳明美学》,《文史哲》2000年第6期。

会"是对自我存在与世界整体同一的领会的观念相通,而海德格尔"诗意栖居"的世界无疑是对阳明天地世界的回应。不过,"以天地万物一体为仁"的生命觉识和气的一元论本体观,使阳明心学排除了海德格尔式的"最激进的个体"。[①]

之所以如此具体地转述,一是想反映迄今的阳明美学研究成果,二是不想掠人之美。需要指出的是,肖鹰等学者对阳明心学美学思想的研究仍未深入地探讨"心学美学"的概念,尤其尚未对心学美学独特的本体与工夫思想作系统的研究。而在笔者看来,这正是探讨阳明心学美学智慧的关键。

---

① 肖鹰:《心外无物与天地意识——王阳明美学一解》,《天津社会科学》2000年第6期。

第五章 心外无物——良知为本的本体美学

> 你未看此花时，此花与汝心同归于寂；你来看此花时，则此花颜色一时明白起来。便知此花不在你的心外。(《传习录下》,《全集》卷三，第108页)
>
> 天地万物之声非声也，由吾心听，斯有声也；天地万物之色非色也，由吾心视，斯有色也；天地万物之味非味也，由吾心尝，斯有味也。①

所谓阳明心学美学"本体论"，是笔者对阳明心学美学所蕴含的有关审美本体和审美现象的存在或呈现思想的体认与解析，此中"本体论"与Ontology并无直接的关涉，但也确实包含了阳明对审美存在的逻辑本原思考的意识，姑且称之为阳明的"本体美学"。

本心灵觉

按阳明心本哲学，人为天地万物之心，心为天地万物之主；心之所发便是意，意之所在便是物。物即事，心与事与物经过意的中介一体相通，化本然之在为意义之在，由此通向意义世界的建构。阳明在哲学和美学上，都体现了以心为本的本体立场。在王阳明的观念里，本心不是一团血肉，自有明觉主宰，这个主宰便是良知。

良知为心之本体（本然境界），也即世界之本体（存在依据）。良知作为本体具有三重意义：良知作为造化的精灵，天地万物因本心良知而存在，呈现为意义世界；良知作为是非的准则，道德人生因本心良知而明辨，呈现为道德世界；良知作为真诚恻怛的灵觉，妍媸美恶因本心良知而照觉，呈现为审美世界。本心良知不仅是一个无所不该的"天渊"，更是一个人人具有的"独知"境界；良知作为本体所蕴含的个体性、情感性、直觉性、当下呈现性特征，为审美境界的呈现提供了直接的契机和本体的依据。

心本立场

按有些学者的观点，朱熹是第一个提出"心本体"的哲学家，

---

① 钱德洪：《天成篇》,《徐爱　钱德洪　董沄集》, 钱明编校整理, 第192页。

但由于理学体系的需要，这一思想没有最后被确定下来。陆九渊把心提到突出的地位，并以此为第一原理，不过，他对心体的理解本身具有二重性倾向。经过陆九渊及其后学的发展，到陈献章提出"心理为一"思想之后，心被说成是宇宙万物的唯一本体，然"以其初知反本也，则犹隐然与应感二之也"，只有到王阳明，"豁然有悟于学之妙机，以为天下之道，原自吾本心而足也，于是揭人心本然之明以为标，使人不离日用而造先天之秘"①。从而彻底地确立了心本论的立场。

阳明原来笃信朱学，曾遍求其书而苦读之。后因循照朱熹的格物方法格竹子之理，格了几天几夜，非但一无所获，而且还得了一场大病，由此怀疑朱熹的格物理论，并转变了治学思路和对世界的认识，豁然悟出这世界及世界之理并不在心外，而就在吾心之中，"在物为理，在字上当添一心字，此心在物则为理"（《传习录下》，《全集》卷三，第121页）。于是，在本体论上主张"吾心便是宇宙"，"心物一体"，在道德论上主张"吾性自足"，"良知即是天理"是"天理之昭明灵觉处"（《传习录中》，《全集》卷二，第72页），"吾心"或"本心良知"被提到了作为天地万物本体的空前高度。如前所述，这一转变在中国哲学史和美学史上均具有极其重大的意义。

王阳明的心本立场最典型地表现于以下的一组命题："心外无物，心外无事，心外无理，心外无义，心外无善。"（《与王纯甫二》，《全集》卷四，第156页）其中最重要的是"心外无理""心外无物"。

确立心与理的本在统一关系是阳明心学本体论的基本立场。按陈来先生的解释，如果说"心即是理"是阳明主体性原理的一个形式，则"心外无理"这边是一个强形式。②杨国荣先生则认为，阳明心即理的要义在于肯定了普遍之理应当内化于个体之心，通过理内化于心而达到理与心的融合，一方面，普遍之理不再仅仅表现为与主体相对的超验存在，同时，个体意识则开始获得了普遍性的品格，心与理的统一在主体意识中具体化为个体性与普遍性的统一。另一方面，"心即理"或"心外无理"也意味着心向物的外化，这不仅表现为心（主体意识）在道德实践中展示为一般行为规范（理），而且

---

① 申时行等：《从祀文庙疏议》，陈献章：《陈献章集》，孙通海点校，第928页。
② 参见陈来：《有无之境——王阳明哲学的精神》，第30页。

在更深层次的意义上,同时涉及外在世界(首先是道德世界)中理性秩序的建立。心与理的融合意味着由形而上的超验之域向个体存在的某种回归,从而化解了理学难以克服而陆九渊也未能完全克服的心体与性体的矛盾与紧张。①

心物关系更基本地体现了阳明的心本论立场,在美学上也具有更为直接的意义。在"心物"关系上,阳明通过释"物"为"意之所在""意之所用"(在这个意义上,"物即事"),而"意"又是"心之所发",这样既把"心"与"物"同一,主张"心外无物",又把"心"当作"物"的精神主宰,主张"心者,天地万物之主也",从而完成了心物关系作为意义世界建构的本体论模式。

王阳明的心本论视域,着重的并不是物质实存世界,而是价值意义世界。按王阳明的理解,人所面对的世界与人自身的存在有着不可分割的联系,人不能在自己的存在之外去追问超验的对象,而只能联系人的存在来澄明世界的意义;换言之,人应当在自身存在与世界的关系中,而不是在这种关系之外来考察世界。"意之所在便是物"(《传习录上》,《全集》卷一,第6页),并不是意识在外部时空中构造了一个物质世界,而是通过心体的外化,激活存在的意义,由此构建主体的意义世界;而所谓"心外无物",也并非指本然之物(自在之物)不能离开心体而存在,而是指意义世界作为进入意识之域的存在,总是相对于主体才具有现实意义。这种意义世界不同于形而上的本体世界,它不是超验的存在,而是首先形成并展开于主体的意识活动之中,并与人自身的存在息息相关。

所以,在解答著名的"山中花树"问难时,王阳明强调的是"你未看此花时,此花与汝心同归于寂;你来看此花时,则此花颜色一时明白起来。便知此花不在你的心外"(《传习录下》,《全集》卷三,第108页)。山中花树作为本然之在,阳明并未否定,只是离开了主体,花开花落无所谓意义;无所谓意义,也即无所谓存在。阳明心学本体论的存在是意义之在,而非物质之在。

这里关键的是"寂"字,"寂"并非无,而是尚未纳入意义结构,与人相关的意义境界尚未呈现。佛教《大乘起信论》云:"以无明灭故,心无有起,以无起故,境界随灭;以因缘俱灭故,心相皆尽,

---

① 参见杨国荣:《心学之思:王阳明哲学的阐释》,第81—89页。

名得涅槃。"①按佛家定义，寂也即本体寂静，心无相灭，是涅槃的另一译名；寂并不是虚无或不存在，而是心无有起，境界随灭。阳明曾出入佛老，其心本意识当会受此影响，但阳明心本意识又超越了佛老，上升到了更具思辨性的哲学本体论。王阳明关注的不是花在客观上存不存在，而是花是不是与我发生了实际的意义。按"意之所在便是物"的逻辑理解，花的呈现不是实在的产生，而是被纳入意向结构而获得了秩序和意义。

不仅花树存在或审美价值的呈现是如此，天地万物的存在及其审美价值的呈现均是如此。因此，阳明说"人心是天渊。心之本体无所不该，原是一个天"（《传习录下》，《全集》卷三，第95页）。这里所说的"天"是本体意义之天，而非物质、常识意义之天，因此又称为"天渊"，即实然天地价值存在之本渊。基于这种心本意识，阳明才有这样的言论："天没有我的灵明，谁去仰他高？地没有我的灵明，谁去俯他深？鬼神没有我的灵明，谁去辩他吉凶灾祥？"（《传习录下》，《全集》卷三，第124页）"人的良知，就是草木瓦石的良知。若草木瓦石无人的良知，不可以为草木瓦石矣。岂惟草木瓦石为然，天地无人的良知，亦不可为天地矣。盖天地万物与人原是一体，其发窍之最精处，是人心一点灵明。风、雨、露、雷、日、月、星、辰、禽、兽、草、木、山、川、土、石，与人原只一体。"（《传习录下》，《全集》卷三，第107页）天地万物乃至草木瓦石，莫非因人之本心良知而呈现其存在意义，莫非因人本心良知之灵明照觉而呈现其审美价值。也正因为如此，阳明才会得出如此的结论："人者，天地万物之心也；心者，天地万物之主也。"（《答季明德》，《全集》卷六，第214页）

这个作为天地本体之心，不仅具有超越的普遍性，而且具有个体的"独知"性；与此相应，世界不仅是个普遍的共在，而且是个独特的此在，呈现为"独知"的境界。"人人自有定盘针，万化根源总在心。"（《咏良知四首示诸生》，《全集》卷二十，第790页）本心良知既是宇宙世界的"万化根源"，又是道德世界的"定盘针"，具有超越的普遍性，但均落实于每个个体，通过个体的本心来澄明。"良知即是独知时，此知之外更无知。谁人不有良知在，

---

① 真谛：《大乘起信论校释》，高振农校释，中华书局1992年版，第83页。

知得良知却是谁？知得良知却是谁？自家痛痒自家知。若将痛痒从人问，痛痒何须更问为？"（《答人问良知二首》，《全集》卷二十，第791页）

这个世界对于我的意义，取决于我对这个世界的灵觉，或这个世界对我的呈现。正是基于这一点，阳明才会说："今看死的人，他这些精灵游散了，他的天地万物尚在何处？"（《传习录下》，《全集》卷三，第124页）按他的意思，天地万物与不同的个体往往构成了不同的意义关系，换言之，对不同的个体，天地万物可能呈现出不同的存在意义和生存价值。杨国荣先生曾将阳明的这种意识与海德格尔的"大地"与"世界"的概念作了比较，大地是无对、无界的，世界则使大地有了界，有了对。人们总是在大地之中，寻找自己的意义世界。阳明所谓"他的天地万物"，其含义接近于这种分化了的属人的世界。[①] 不难看出，本心作为"独知"，本心澄明的世界作为"独知"的境界，在美学上具有非常重要的意义，审美境界正是一种独知灵觉的境界。

审美呈现

在王阳明这儿，存在是个意义世界，意义世界在广义上可以看作是人化的世界，其意义不仅仅相对于主体而言，而且总是展现于主体间。离开了主体，世界的存在就没有意义，意义世界也不复存在；离开了主体间，人的存在的德性也无从现实地呈现。进而，王阳明又通过心体外化的途径，把作为本体论的意义世界和作为境界论的精神世界统合了起来：就本体论言，"意之所在便是物"（《传习录上》，《全集》卷一，第6页），物由意显；就境界论言，"天地万物，本吾一体者也"（《传习录中》，《全集》卷二，第79页），内外合一，心物无间；总起来便是："本体原无内外"。（《传习录下》，《全集》卷三，第92页）存在与境界在阳明心学本体论中体现了统一。

相对来讲，境界更着重于与个体的精神状态相联系，境界不仅仅相对于个体而言，而且总是展现在个体的心灵中。按杨国荣的阐

[①] 参见杨国荣：《心学之思：王阳明哲学的阐释》，第102页。

释，如果说，"心即理"主要从主体意识的角度赋予心体以个体性与普遍性之双重品格，那么，"本体原无内外"论则从心物关系上，将心体的二重性具体化了。①因此，作为世界本体的"心"，不仅落实在主体之上，而且直接落实在个体之上。正是在这个意义上，王阳明对陆九渊的"吾心便是宇宙"作了更为彻底的改造，中国哲学史上理学向心学的转变在王阳明这儿彻底完成。

从审美主客体（当然，在阳明心学的视域里，还没有主客体的区分，这是基于当代视野的分析）的关系来考察，"心外无物"这个命题意味着，与主体无关的纯粹客体不具备现实的审美意义，审美对象的生成和呈现离不开审美主体的参照与作用。更彻底地说，美本身就只是本心良知在境域中的感应呈现。

从审美常识讲，审美对象必然呈现为令人愉悦的感官声色，而按阳明心学美学的心本立场，这些感性物象作为审美对象的呈现，莫非是本心灵知的直觉妙用。在阳明诗歌中处处能体会到这种心学美学的心本意趣，不妨试举几例：

> 莫讶临花倍惆怅，赏心原不在枝头。（《次韵胡少参见过》，《全集》卷十九，第713页）
>
> 白云休道本无心，随我迢迢度远岑。（《太平宫白云》，《全集》卷二十，第765页）
>
> 山鸟欢呼欲问名，山花含笑似相迎。（《杖锡道中用张宪使韵》，《全集》卷二十，第725页）
>
> 冰雪能回草木死，春风不化山石顽。（《琅琊山中三首》，《全集》卷二十，第728页）
>
> 吾心自有光明月，千古团圆永无缺。山河大地拥清辉，赏心何必中秋节！（《中秋》，《全集》卷二十，第793页）
>
> 潜鱼水底传心诀，栖鸟枝头说道真。莫谓天机非嗜欲，须知万物是吾身。（《碧霞池夜坐》，《全集》卷二十，第786页）

白云有心，山鸟有情，顽石能化，孤月精神，正是因为吾心光

---

① 参见杨国荣：《王学通论——从王阳明到熊十力》，第36页。

明;"山河大地拥清辉",正是因为"吾心自有光明月";"闲观物态皆生意"(《睡起写怀》,《全集》卷十九,第717页),正是因为"万化根源总在心",因此,"赏心原不在枝头","须知万物是吾身",审美世界之所以能活泼泼地呈现,正是本心灵觉如如地澄明;在这审美境界中,物我合一,天人一体,生机由本心激活,物态由灵明照觉。

感性物象对应于人的感官,但其审美价值的呈现仍是取决于本心:"心者身之主宰。目虽视而所以视者心也;耳虽听而所以听者心也;口与四肢虽言动而所以言动者心也。"(《传习录下》,《全集》卷三,第119页)在他看来,"天地生意,花草一般,何曾有善恶之分?子欲观花,则以花为善,以草为恶;如欲用草时,复以草为善矣。此等善恶,皆由汝心好恶所生"(《传习录上》,《全集》卷一,第29页)。这不仅揭示了物象作为审美对象呈现的相对性,而且蕴含着物象作为美的呈现在根本上就由本心决定的心本意识。

被收于阳明《年谱》附录中,由阳明后学所作揭嘉义堂示诸生的《天成篇》有一段文字对这种本心立场作了出色的阐述:

> 吾人与万物混处于天地之中,为天地万物之宰者,非吾身乎?其能以宰乎天地万物者,非吾心乎?心何以能宰天地万物也?天地万物有声矣,而为之辨其声者谁欤?天地万物有色矣,而为之辨其色者谁欤?天地万物有味矣,而为之辨其味者谁欤?天地万物有变化矣,而神明其变化者谁欤?是天地万物之声非声也,由吾心听,斯有声也;天地万物之色非色也,由吾心视,斯有色也;天地万物之味非味也,由吾心尝,斯有味也;天地万物之变化非变化也,由吾心神明之,斯有变化也。然则天地万物也,非吾心则弗灵矣。吾心之灵毁,则声、色、味、变化不得而见矣。声、色、味变化不可见,则天地万物亦几乎息矣。……
>
> 吾心为天地万物之灵者……灵也者,心之本体也,性之德也,百体之会也;彻动静,通物我,亘古今,无时乎弗灵,无时乎或间者也。……吾率吾灵而发之于目焉,自辨乎色而不引乎色,所以全明也;发之于耳焉,自辨乎声而不蔽乎声,所以全聪也;发之于口焉,自辨乎味而不爽乎味,所以全嗜也;发

之于思虑焉，万感万应，不动声臭，而其灵常寂，大者立而百体通，所以全神明也。①

可以认为，这种阐释完全是本于阳明心学美学的心本立场。吾身与天地万物浑然一体，吾心为天地万物之灵者，天地万物之声非声，由吾心之听方有声，天地万物之色非色，由吾心之视方有色，这就是说，天地万物之声色作为审美对象正是吾心之灵明照觉，方呈现为审美的声色。吾心"不动声臭"，却是"万感万应"的"全明""全聪""全嗜""全神明"，正是"彻动静，通物我，亘古今"的造化精灵。

阳明肯定了声色愉悦是人心所好，也就肯定了审美需求是人性之必然，感官的声色所好，由本心内在决定，是所谓"心好于内，而体从于外"：

> 然心惟无好则已，一有所好，而身之从之也，自有不期然而然。如心好夫采色，则目必安夫采色；心好夫声音，则耳必安夫声音；心而好夫逸乐，则四肢亦惟逸乐之是安矣；发于心而慊于己，有不勉而能之道也；动于中而应于外，有不言而喻之妙也。是何也？心者身之主，心好于内，而体从于外，斯亦理之必然欤！（《附山东乡试录》，《全集》卷二十二，第853—854页）

阳明还继承了孟子的观点，认为"人心本自说（悦）理义，如目本说（悦）色，耳本说（悦）声"（《传习录上》，《全集》卷一，第35页），"悦心有妙理"，"顿忘乐所形"（《杂诗三首》，《全集》卷十九，第686页）。这样就明确指出了道德本体成为审美对象的可能。在美学上，就把审美视域从自然物象引向了人文领域。

人文之美，同样基于本心：

> 夫礼也者，天理也。天命之性具于吾心，其浑然全体之中，

---

① 钱德洪：《天成篇》，《徐爱　钱德洪　董沄集》，钱明编校整理，第192—193页。

而条理节目森然毕具，是故谓之天理。天理之条理谓之礼。是礼也，其发见于外，则有五常百行，酬酢变化，语默动静，升降周旋，隆杀厚薄之属；宣之于言而成章，措之于为而成行，书之于册而成训；炳然蔚然，其条理节目之繁，至于不可穷诘，是皆所谓文也。是文也者，礼之见于外者也；礼也者，文之存于中者也。文，显而可见之礼也；礼，微而难见之文也。是所谓体用一源，而显微无间者也。是故君子之学也，于酬酢变化、语默动静之间而求尽其条理节目焉，非他也，求尽吾心之天理焉耳矣；于升降周旋、隆杀厚薄之间而求尽其条理节目焉，非他也，求尽吾心之天理焉耳矣。求尽其条理节目焉者，博文也；求尽吾心之天理焉者，约礼也。文散于事而万殊者也，故曰博；礼根于心而一本者也，故曰约。……是故约礼必在于博文，而博文乃所以约礼。（《博约说》，《全集》卷七，第266—267页）

与朱熹将理看作外在的先天规范不同，阳明认为"理也者，心之条理也"（《书诸阳伯卷》，《全集》卷八，第277页）。条理作为人文规范即是礼，礼发见于外，"炳然蔚然"，即谓之文；文既然"显而可见"，"炳然蔚然"，则显然具有了审美价值，可以成为审美对象。在这里的本体与呈现的逻辑结构是：文—礼—理—心，文为礼之发见，礼为理之节目，理即心之条理，浑然全体之中，天命之性具于吾心，因此，"礼根于心而一本者也"。不仅礼是如此，人文经典《易》《诗》《书》《乐》《春秋》莫一不是本心之用。

阳明以下的一段长文，集中而典型地表述了他对人文道德审美领域的心本立场：

> 经，常道也。其在于天谓之命，其赋于人谓之性，其主于身谓之心。心也，性也，命也，一也。通人物，达四海，塞天地，亘古今，无有乎弗具，无有乎弗同，无有乎或变者也。是常道也，其应乎感也，则为恻隐，为羞恶，为辞让，为是非；其见于事也，则为父子之亲，为君臣之义，为夫妇之别，为长幼之序，为朋友之信。是恻隐也，羞恶也，辞让也，是非也；是亲也，义也，序也，别也，信也，一也。皆所谓心也，性也，

命也。通人物，达四海，塞天地，亘古今，无有乎弗具，无有乎弗同，无有乎或变者也，是常道也。

是常道也，以言其阴阳消息之行焉，则谓之《易》；以言其纪纲政事之施焉，则谓之《书》；以言其歌咏性情之发焉，则谓之《诗》；以言其条理节文之著焉，则谓之《礼》；以言其欣喜和平之生焉，则谓之《乐》；以言其诚伪邪正之辩焉，则谓之《春秋》。是阴阳消息之行也，以至于诚伪邪正之辩也，一也。皆所谓心也，性也，命也。通人物，达四海，塞天地，亘古今，无有乎弗具，无有乎弗同，无有乎或变者也，夫是之谓"六经"。

"六经"者非他，吾心之常道也。故《易》也者，志吾心之阴阳消息者也；《书》也者，志吾心之纪纲政事者也；《诗》也者，志吾心之歌咏性情者也；《礼》也者，志吾心之条理节文者也；《乐》也者，志吾心之欣喜和平者也；《春秋》也者，志吾心之诚伪邪正者也。君子之于"六经"也，求之吾心之阴阳消息而时行焉，所以尊《易》也；求之吾心之纪纲政事而时施焉，所以尊《书》也；求之吾心之歌咏性情而时发焉，所以尊《诗》也；求之吾心之条理节文而时著焉，所以尊《礼》也；求之吾心之欣喜和平而时生焉，所以尊《乐》也；求之吾心之诚伪邪正而时辩焉，所以尊《春秋》也。……故"六经"者，吾心之记籍也，而"六经"之实则具于吾心。（《稽山书院尊经阁记》，《全集》卷七，第254—255页）

之所以在有限的篇幅里大段引用，是因为这段文字对理解阳明心学美学的心本立场至关重要，可谓阳明心学美学纲领性的文献。在阳明看来，"通人物，达四海，塞天地，亘古今"的本体为心，本心在道德生存世界应感发用，体现出"恻隐、羞恶、辞让、是非"的德性，呈现为"亲、义、序、别、信"的德行，道德生存世界的伦理之美，皆为本心常道之呈现，因此，"六经者非他，吾心之常道也"。

"六经"中《诗》《书》《礼》《乐》《易》《春秋》都包含着美学和艺术的内容，他这段话也可以说包含着对美和艺术的本体和功能的纲领性解释。"六经"之美，无非是本心常道之呈现，《易》

呈现为自然消息之美，《书》和《春秋》呈现为社会政事之美，《礼》呈现为人伦秩序之美，《诗》和《乐》呈现为人性情感之美。从美学本体上说，宇宙天地、社会人生的道德和审美世界，无非是本心的流行发见；从美学功能上说，人文和艺术的功能，在于即"时"地记载或表现本心在生存世界中的道德呈现和审美情感需求，以展现为可行、可施、可发、可著、可生、可辩，简言之可以生动展现和具体落实的道德和审美的境界；因此，"'六经'者，吾心之记籍也"。

王阳明在文道关系上也用过与朱熹类似的命题，主张"《诗》《书》、六艺，皆是天理之发见"（《传习录下》，《全集》卷三，第118页）但在类似的本体论命题外壳中却包含着不同的本体内涵，可谓是同构异质的思辨体系。在阳明这儿，这个"天理"就是"良知"，就是"本体之心"，圣贤经典莫非是吾心之常道；因此，不是"我注'六经'"，而是"'六经'注我"，"六经"成了吾心活动之载体，吾心发见之消息，吾心成了"六经"呈现之本体，"六经"流行之本渊。这种见解在经学上说具有破除权威、解放思想的意义，在美学上则是提高了审美心体的地位，"吾心"对"天理"在本体地位上的抗争，透露了审美心体崛起的信息。

良知境界

心为天地万物之本，而心自身又有个本体规定。阳明对心之本体有多个定义，如云"知是心之本体""至善者心之本体""诚是心之本体""乐是心之本体""定者心之本体"等等。这些定义不是一个绝对范畴，而是变项述词。在诸多规定中，最根本的应该是"良知者，心之本体"。其他种种定义都是对作为心之本体的良知属性的变项陈述。阳明所谓"本心"是本然之心，本然也即应然；本然为本体，应然为境界，本心即是本体与境界的统一。本心不是一团血肉的生理的实然之心，而是自有良知主宰的昭明灵觉，所以说"良知者，心之本体"。所谓"知""诚""乐""定""至善"等均是良知在不同机缘下的当体自性。如此本心，方是天地万物本体。

以良知为心之本体，致良知为本心呈现，境界澄明之工夫，这是阳明经过"百死千难"后得出的最真切生命体验，"绵绵圣学已千年，两字良知是口传"（《别诸生》，《全集》卷二十，第791页），"我此良知二字，实千古圣圣相传一点滴骨血也"（《年谱二》，《全集》卷三十四，第1279页）。在理论渊源上，"良知"的观念出于《孟子·尽心上》："人之所不学而能者，其良能也；所不虑而知者，其良知也。""不学而能"表示其先验性，"不虑而知"表示其直觉性。孟子认为"恻隐、羞恶、辞让、是非"之心均为人之先天内在具有的"善端"，阳明继承了这一思想，并明确地将"四端"与良知结合。他说："心自然会知，见父自然知孝，见兄自然知弟，见孺子入井自然知恻隐，此便是良知，不假外求。"（《传习录上》，《全集》卷一，第6页）"自然""不待外求"表示良知并非人类后天所得，而是主体自身原本具有的内在自然。

阳明对良知的基本规定具有两重性，既把它把视为人所共有的先验天则："盖良知之在人心，亘万古，塞宇宙，而无不同，不虑而知，恒易以知险，不学而能。"（《传习录中》，《全集》卷二，第74页）"良知之在人心，无间于圣愚，天下古今之所同也。"（《传习录中》，《全集》卷二，第79页）"鄙夫自知的是非，便是他本来天则。"（《传习录下》，《全集》卷三，第112页）这个天则也即天理："良知即是天理。"（《与马子莘》，《全集》卷六，第218页）又强调了良知的个体形式，良知的内在性常常以个体的形式（自心）表现出来："尔那一点良知，是尔自家底准则。"（《传习录下》，《全集》卷二，第92页）因此他曾在多处称良知为"独知""自知之""自思"等，都是强调良知作为"自心"的个体形式。可见本心良知不仅是一个无所不该的"天渊"、无所不测的天则，更是一个人人具有的"独知"境界。

那么，从现代学术视野作进一步的体认，阳明心学的良知究竟具有哪些主要的特性呢？可以认为，良知主要是人所本然具有的主体意识、主体精神和主体能力，人之为人，人人具有，不仅圣凡同有，甚至恶人也不例外。① 这里不妨借用康德对人的主体能力的三种基本规定，即基于纯粹理性的知，基于实践理性的意和基

---

① 《传习录中》："是非之心，不虑而知，不学而能，所谓良知也。良知之在人心，无间于圣愚，天下古今之所同也。"（《全集》卷二，第79页）《传习录下》："良知在人，随你如何不能泯灭。虽盗贼亦自知不当为盗，唤他作贼，他还忸怩。"（《全集》卷三，第93页）

于审美判断力的情，相对应的世界展现为真、善、美的价值。良知作为人的本然而内在的主体精神能力，最基本的内涵也可归结为这三方面。

与此对应，良知作为本体具有三重意义：良知作为造化的精灵，天地万物因本心良知而存在，呈现为意义世界；良知作为是非的准则，道德人生因本心良知而明辨，呈现为道德世界；良知作为真诚恻怛的灵觉，妍媸美恶因本心良知而照觉，呈现为审美世界。良知作为本体所蕴含的个体性、情感性、直觉性、当下呈现性特征，为审美境界的呈现提供了直接的契机和本体的依据。对于良知的道德意识和道德情感意义，前人已经作过较多的讨论与阐释，笔者拟就良知的美学意义作更多的探讨。

意义世界

首先，良知作为造化的精灵，天地万物因本心良知而存在，呈现为意义世界。本心之所以能成为天地万物创生之本体，天地万物之所以能为本心朗照明觉，正是因为本心拥有"恒照"之良知。阳明说："良知是造化的精灵，这些精灵生天生地，成鬼成帝，皆从此出，真是与物无对。"（《传习录下》，《全集》卷三，第107页）"天地间活泼泼地，无非此理，便是吾良知的流行不息。"（《传习录下》，《全集》卷三，第123页）值得注意的是，这里所谓"造化"，所谓"生天生地"，并不是常识所指创造物质的天地万物，而是指天地万物被良知灵觉激活（"活泼泼地""流行不息"）而具有存在意义。

阳明所谓良知，并不是人格化的上帝，如《圣经》所记述的能在七天内创造世界人格神，而是本体意义的一种灵觉。整个世界俱因这种灵觉而呈现，因此，"良知之虚，便是天之太虚；良知之无，便是太虚之无形。日月风雷山川民物，凡有貌象形色，皆在太虚无形中发用流行，未尝作得天的障碍。圣人只是顺其良知之发用，天地万物，俱在我良知的发用流行中，何尝又有一物超于良知之外。"（《传习录下》，《全集》卷三，第106页）在这个意义上，可以说"真是与物无对"。天地开生处，即是良知妙用时："天地既开，庶物露生，人亦耳目有所睹闻，众窍俱辟，此即良知妙用发生时。可见人心与天地一体，故上下与天地同流。"（《传习录下》，《全集》卷三，第106页）在这里，我们可以隐约地感觉到自然向人生成的意识，自然作为存在的世界,应是向人敞开的世界,这种"敞开",也就是阳明所谓"造化"或"生天生地"。

道德世界

其次,良知作为是非的准则,道德人生因本心良知而明辨,呈现为道德世界。孟子在"四端"中以"恻隐之心"为先,宋儒亦以"元亨利贞"四德中"元无不统","仁义礼信智"五常中"仁无不包"而特别强调四端中的"恻隐之心",阳明则将四端在某种程度上归结为"是非之心",从而特别强调良知作为是非准则的意义。

在阳明看来,"良知只是个是非之心,是非只是个好恶,只好恶就尽了是非,只是非就尽了万事万变"(《传习录下》,《全集》卷三,第111页),"良知只是一个良知,而善恶自辨"(《传习录中》,《全集》卷二,第67页),知了是非,就尽了好恶,而善恶自辨,并可尽了万事万变。所谓"恻隐""羞恶""辞让"一应由是非之心决定,这种工夫真是"简易真切"!是非之心,不虑而知,不学而能,本是一个人人具足的天然准则,也即是天理,也即是道心。"良知是天理之昭明灵觉处,故良知即是天理"(《传习录中》,《全集》卷二,第72页),"尔那一点良知,是尔自家底准则。尔意念着处,他是便知是,非便知非,更瞒他一些不得。尔只不要欺他,实实落落依着他做去,善便存,恶便去。他这里何等稳当快乐"(《传习录下》,《全集》卷三,第92页)。只要你不自欺,实实落落地依着良知去做,是便知是,非便知非,是便做是,非便去非;知善知恶,好善恶恶,善便存善,恶便去恶,你便能成就圣贤人格,体验道德快乐。

作为人人具有的道德天则,良知既是未发之中,又是已发之和,是"天然自有之中","夫良知之于节目时变,犹规矩尺度之于方圆长短也"(《传习录中》,《全集》卷二,第50页)。你只要一一循着良知去做,自然能"廓然大公","致吾心良知之天理于事事物物,则事事物物皆得其理矣"(《传习录中》,《全集》卷二,第45页)。人生的道德是非,正由良知的"常觉常照"而明鉴,人生的道德境界,正由良知的实实落落而澄明。

审美世界

再次,良知作为真诚恻怛的灵觉,妍媸美恶因本心良知而照觉，呈现为审美世界。良知作为本体所蕴含的个体性、情感性、直觉性、当下呈现性特征，为审美境界的呈现提供了直接的契机和本体的依据。

1.良知的个体性。审美感受是一种个体独觉的体验，审美境界是一种个体独知的境界。"无声无臭独知时，此是乾坤万有基。"(《咏良知四首示诸生》，《全集》卷二十，第790页）良知作为普遍的天理落实到个体就成为内在真切的"独知"："人虽不知而己所独知者，此正是吾心良知处。"(《传习录下》，《全集》卷三，第119页)"良知即是独知时，此知之外更无知。谁人不有良知在，知得良知却是谁？""知得良知却是谁？自家痛痒自家知。若将痛痒从人问，痛痒何须更问为？"(《答人问良知二首》，《全集》卷二十，第791页）在这一点上，良知作为"独知"的心体正与审美"独觉"的境界相通，或者说，正是良知的"独知"本体在具体而独特的境域中，通过"尔心一念""尔心一觉"呈现为个体"独觉"的审美境界。

2.良知的情感性。良知并不是一个纯粹理性之知，而又是一个"真诚恻怛"的情感本体。阳明说：

> 盖良知只是一个天理，自然明觉发见处，只是一个真诚恻怛，便是他本体。……孟氏"尧、舜之道，孝弟而已"者，是就人之良知发见得最真切笃厚、不容蔽昧处提省人，使人于事君处友仁民爱物，与凡动静语默间，皆只是致他那一念事亲从兄真诚恻怛的良知，即自然无不是道。(《传习录中》，《全集》卷二，第84—85页)

"真诚恻怛"即是真情实感的情感体验，即是"好善如好好色，恶恶如恶恶臭"(《传习录下》，《全集》卷三，第97页)。当然，基于阳明心学的伦理主旨，这种情感侧重的是道德体验，但也包含着普通的心理情感，并渗透着超越而自得的审美体验，所以阳明说："盖良知虽不滞于喜怒忧惧，而喜怒忧惧亦不外于良知也。"(《传习录中》，《全集》卷二，第65页)这是讲良知体验不外于普通心理情感，而他反复强调的"乐是心之本体"，则更是将这种体验引向了超越的审美境界：

"乐"是心之本体，虽不同于七情之乐，而亦不外于七情之乐。虽则圣贤别有真乐，而亦常人之所同有。但常人有之而不自知，反自求许多忧苦，自加迷弃。……但一念开明，反身而诚，则即此而在矣。(《传习录中》,《全集》卷二，第70页)

喜怒哀惧爱恶欲，谓之七情。七者俱是人心合有的，但要认得良知明白。……七情顺其自然之流行，皆是良知之用，不可分别善恶，但不可有所着；七情有着，俱谓之欲，俱为良知之蔽；然才有着时，良知亦自会觉，觉即蔽去，复其体矣。(《传习录下》,《全集》卷三，第111页)

普通心理情感与道德体验的境界之分，在于是否"认得良知明白"，一旦"七情顺其自然之流行，皆是良知之用"，就呈现为道德境界的"真乐"体验；而这种道德体验的"自然"和"不可有所着"，就通向了更为超越自得的审美境界体验，在此意义上可以说是"无善无恶心之体"，在这种超越体验中，不仅摆脱了感性本能的压迫，而且超越了具体伦理的局限，这真是一种"与物无对""天人合一"的自由的精神体验，"人若复得他完完全全，无少亏欠，自不觉手舞足蹈，不知天地间更有何乐可代"(《传习录下》,《全集》卷三，第104页)。

3. 良知的直觉性。良知又是一种"虚明照鉴"的直觉，良知照物，无思无虑。按阳明的说法，"良知之发见流行，光明圆莹，更无挂碍遮隔处，此所以谓之大知"(《传习录中》,《全集》卷二，第86页)，"从目所视，妍丑自别，不作一念，谓之明。从耳所听，清浊自别，不作一念，谓之聪。从心所思，是非自别，不作一念，谓之睿"(《传习录拾遗》,《全集》卷三十二，第1172页)，所谓"不作一念"，"光明圆莹，更无挂碍遮隔处"的"大知"或"明觉"，正是破除了"理障"和"相缚"，无思无虑、莹明透彻、应物见心的直觉。良知的呈现，无须理智的分析，更要摆脱支离的解析而直接切入真如境界。这种体验不是理智的，也不仅仅是道德的，而毋宁说正是审美的。"乾坤是易原非画，心性何形得有尘？莫道先生学禅语，此言端的为君陈。"(《示诸生三首》,《全集》卷二十，第790页)这里确实包含着禅机，而禅机在心物直觉境界上正与审美和艺术思维相通。审美世界的呈现正是良知明觉的朗照：

> 其良知之体皦如明镜，略无纤翳。妍媸之来，随物见形，而明镜曾无留染。所谓情顺万事而无情也。无所住而生其心……明镜之应物，妍者妍，媸者媸，一照而皆真，即是生其心处。妍者妍，媸者媸，一过而不留，即是无所住处。（《传习录中》，《全集》卷二，第70页）

阳明认为："良知不由见闻而有，而见闻莫非良知之用，故良知不滞于见闻，而亦不离于见闻。"（《传习录中》，《全集》卷二，第71页）良知作为审美本体的呈现关键是"不滞于见闻"，对审美对象的观照离不开见闻，但不能滞于见闻，滞于见闻就可能被日常意识或理智的功利心和成见所遮蔽，以致使物的真相不能如如地呈现，而审美之真谛，正在于照鉴物之如如之真相。所以阳明说："良知本来自明。气质不美者，渣滓多，障蔽厚，不易开明。质美者，渣滓原少，无多障蔽，略加致知之功，此良知便自莹彻。"（《传习录中》，《全集》卷二，第68页）可以说，致良知的过程，也正是审美境界呈现的过程，审美世界正在良知直觉的呈现过程中澄明。

4. 良知的当下呈现性。良知作为先验的本体（"直造先天未画前"）只是逻辑的设定，潜在的可能。良知作为心体内在于天地万物，而心体的这种内在性，又决定了它不能离开万物而呈现，良知必定在具体的境域中当下呈现（"不离日用常行内"），方为真良知。真良知并不是一个悬空抽象的理念，而是活生生通透澄明的生命境界。因此，阳明认为"触机神应，是乃良知妙用"①，天地万物以良知为本，良知亦以天地万物为体，不然无从呈现。本是本体，体是体段；就体用关系而言，前者为体（本体），后者为用（现象、功用）。按阳明，"即体而言用在体，即用而言体在用，是谓体用一源"（《传习录上》，《全集》卷一，第31页），"未发在已发之中，而已发之中未尝别有未发者在；已发在未发之中，而未发之中未尝别有已发者存"（《传习录中》，《全集》卷二，第64页），两者只有逻辑的先后，并无时空的轩轾："良知只是一个，随他发见流行处当下具足，更无去求，不须假借。……所谓天然自有之中也。……此良知

---

① 王畿：《读先师再报海日翁吉安起兵书序》，《王畿集》卷十三，吴震编校整理，第343页。

之妙用,所以无方体,无穷尽,语大天下莫能载,语小天下莫能破者也。"(《传习录中》,《全集》卷二,第85页)这就是说,良知是即体即用,随处发见,当下具足,良知在感应之机中妙用,万物在感应明觉中呈现:

> 目无体,以万物之色为体;耳无体,以万物之声为体;鼻无体,以万物之臭为体;口无体,以万物之味为体;心无体,以天地万物感应之是非为体。(《传习录下》,《全集》卷三,第108页)

良知正如明镜,"只是一个明,则随感而应,无物不照;未有已往之形尚在,未照之形先具者"(《传习录上》,《全集》卷一,第12页),"是故良知常觉常照。常觉常照,则如明镜之悬,而物之来者自不能遁其妍媸矣"(《传习录中》,《全集》卷二,第74页)。因此,良知不是一个先成的绝对,或抽象的本然("未有已往之形尚在,未照之形先具者"),也不是如康德所谓与人生和现象界隔绝的物自体,而是一个在生命的灵觉中通透莹彻的活境。因此,良知也不可以固定不变的形象寻求,其在具体的境域中与本心生命共时呈现。"夫良知一也,以其妙用而言谓之神,以其流行而言谓之气,以其凝聚而言谓之精,安可以形象方所求哉?"(《传习录中》,《全集》卷二,第62页)良知境界就是活的灵觉的境界,这就正与美的境界相通。美之为美,正在心物相照,境域呈现,美之境界,正在心物一体,活泼澄明。美不在物,也不在心,而是心物之间的当下呈现。这就是阳明良知的美学意义,也是阳明良知学说在美学上的创见。

良知所呈现的这三种境界可简要地称之为诚境、仁境、乐境:诚为意义世界的实诚存在,体现为真的境界;仁为道德世界的是非明觉,体现为善的境界;乐为审美世界的超越自得,体现为美的境界。这三种境界并不是并列的组合,而是有机且有序的融合。诚境为基础,意义世界、道德世界、审美世界莫非是个实诚的境域,以意义世界为存在之基;仁境为核心,意义世界、审美世界均以道德人生为用心;乐境是理想,意义世界、道德世界的最高体验是乐境。意义世界、道德世界向审美境界的转化就在于本心良知的超越体验。

在诚境中，本心良知照觉到天地万物及其貌象形色，皆在太虚无形中活泼泼地发用流行，"真实无妄"，未尝作得天的障碍；在仁境中，本心良知明辨了社会人生及其是非善恶，因而"知是知非"，"好善恶恶"，使事事物物皆得其理；在乐境中，良知即本心，本心即良知，顺天则而自慊，自慊中有天则，是非无须执着去知，善恶无须刻意去辨，一心朗现，通体莹彻，体无善无恶而境至善至乐，真可谓"无入而不自得"，无往而非乐。这是一种即道德而超道德、即审美而化道德的最高的理想境界。在这种境界中，真可谓"人心本体原是明莹无滞的，原是个未发之中。利根之人一悟本体，即是功夫，人己内外，一齐俱透了"（《传习录下》，《全集》卷三，第117页）。真正达到了本体与境界的合一，本体即境界，境界即本体，应然即本然，本然已应然，其间再无稍稍的欠缺。

于是，我们不妨对阳明著名的"四句教"——"无善无恶是心之体，有善有恶是意之动，知善知恶是良知，为善去恶是格物。"（《传习录下》，《全集》卷三，第117页）在境界论上作新角度的解释："有善有恶"是意义世界的诚境，"知善知恶""为善去恶"是道德世界的仁境，而"无善无恶"则是审美世界的乐境。道德境界和审美境界的微妙区别，就在于前者的境域中"不免有习心在，本体受蔽，故且教在意念上实落为善去恶"（《传习录下》，《全集》卷三，第117页），而在后者的境域中，"人心本体原是明莹无滞的，原是个未发之中。……一悟本体，即是工夫，人己内外，一齐俱透了"，（《传习录下》，《全集》卷三，第117页）因此可以"直从本源上悟入"。

这样看来，王龙溪的"四无句"——"无心之心则藏密，无意之意则应圆，无知之知则体寂，无物之物则用神"[①]，正可作为审美境界的生动写照。审美之境，即是"直从本源上悟入"之境，从本源（体）上悟入，世界呈现本如之真相，一切功利的、理智的，乃至伦理的构架、区分和牵挂均被消解，或者说本来就未曾成立，天人本然就一体，物我本然就无间，从本然切入又归之于本然，这岂不是"无善无恶"之境界？阳明弟子有关"四无""四有"的争论，

[①] 王畿：《天泉证道纪》，《王畿集》卷一，吴震编校整理，第1页。

均纠缠于道德境域。若超道德，进入审美的境域，"四无"作为审美境界的描述该是没有问题。冯友兰先生有著名自然境界、功利境界、道德境界和天地境界层次之论，其有关道德境界与天地境界的区分如从这个角度着眼，也许可以说得更加亲切明白。

存在澄明

王阳明"心外无物，良知为本"的思路如果作为对实存物质世界实在性的思考，未免过于思辨而"唯心"，往往使物质对象的自在性难以落实，对象的"为我而在"似乎消融了其"自在"，个体的精神体验往往被视为存在的规定，从而模糊心物的界限。然而，这种思路如果作为对价值意义世界存在性及呈现性的思考，则具有极大的魅力；而作为对审美世界的存在性及呈现性的思考，则更具有极大魅力的启发。

即按现代意识理解，这个宇宙广大永恒无边，其绝对客观的本体（即康德所谓"物自体"）我们也许永远无从真正完全把握，以致恩格斯也这样说过："在我们的视野的范围之外，存在甚至完全是一个悬而未决的问题。"[①]一旦被我们把握的世界，已经是经过我们的感受（本心灵觉）与实践中介的世界，而真正对我们有意义的也正是这种经过我们感受与实践中介的意义世界。正如马克思所说："任何一个对象对我的意义（它只是对那个与它相适应的感觉说来才有意义）都以我的感觉所及的程度为限。"[②]

不仅如此，在更思辨的角度，从存在本体论的意义说，世界的存在及呈现正同步或对应于本心的灵明照觉。在这里，第一性与第二性，唯心或唯物的区分只具有信仰上的意义，只是一种先验的设定或预设，按现代基本存在论或现象学的见解，这种先验的设定或预设是不成立的，一切存在均只能是缘境之呈现。物质世界的存在意义是如此，道德世界的存在意义是如此，审美世界的存在意义更是如此。

---

① 中共中央马克思恩格斯列宁斯大林著作编译局编译：《马克思恩格斯选集》（第3卷），人民出版社1995年版，第292页。
② 中共中央马克思恩格斯列宁斯大林著作编译局编译：《马克思恩格斯全集》（第42卷），人民出版社1979年版，第126页。

唯心论辨

在西方哲学史上,贝克莱、休谟、马赫等都提出过类似"存在便是被感知"的命题,笛卡尔更提出了著名的"我思故我在"的命题,他特别强调,我们的思维能力是我们最能确切地认识的东西(即使我们怀疑这一点,我们却不能怀疑我们在怀疑这件事本身)。他的怀疑方法使其得出二元论的结论,人是一个思维的实体,外部世界则为我们的知觉提供了依据,心灵和肉体是两个既相互分离又相互联系的实体。

笛卡尔把握"自我"的基本思路是唯理主义的,贝克莱和休谟则从唯心主义经验论的角度思考人和世界的存在。贝克莱有三个著名的命题:(一)"物是观念的集合";(二)"存在就是被感知";(三)"对象和感觉原是一种东西"。① 休谟则以不可知论避免了对追问"自我"实体的承诺,他认为不存在实体性的"自我","自我"只是一些"知觉",即"印象"和"观念","除了影像或知觉而外,什么东西也不能呈现于心中"。② 他还认为:"就我而论,当我直接地体会我所谓我自己时,我总是碰到这个或那个特殊的知觉,如冷或热、明或暗、爱或恨、痛苦或快乐等等的知觉。"因此,要说有"自我"存在的话,那么它们都只能"是那些以不能想象的速度互相接续着,并处于永远流和运动之中的知觉的集合体,或一束知觉"。③

众所周知,贝克莱和休谟的这些观点是非常"臭名昭著"的,曾被人们批判得体无完肤。然而,令我困惑的是:作为一个思想家,他们难道真的连起码的常识和理智都不懂吗?我相信他们自有其理解角度的自足性,而并非简单无知的呓语。

稍加对比,我们可以发现贝克莱等人的思路与王阳明非常相似,这是人类在思考终极性问题时常有的耦合。只是由于中西文化价值传统的不同,他们在相似的思路中包含了不同的内容。贝克莱等人谈存在走的是认识论思路,王阳明谈存在走的是价值论和知行合一论的思路,相对而言,在突出意义世界中主体和个体的心本意义这

---

① 乔治·贝克莱:《人类知识原理》,关文运译,商务印书馆1973年版。
② 休谟:《人类理解研究》,关文运译,商务印书馆1972年版,第134页。
③ 北京大学哲学系外国哲学史教研室编译:《十六—十八世纪西欧各国哲学》,商务印书馆1975年版,第596页。

一点上，王阳明更富有智慧。

从认识论的角度强调物质世界的存在对主体或个体的依赖，容易与常识发生矛盾，而从价值论和知行合一论的角度强调存在世界的意义由主体或个体的本心激活或呈现，则自有其特殊的理论意味。然而，不论是从认识论还是从价值论着眼，主体的灵觉或感知确实是把握世界或呈现世界的必不可少的至要关节。他们所谓的"存在"或"物"，着重的都不是实在之在、实物之物，而是意义之在、意义之物。

贝克莱作为一个有神论信仰的主教，使人们有理由指责其唯神论的宗教"呓语"，但王阳明所据的心本立场并非有神论的信仰，而是基于生命体验的心学的思辨。对基于宗教有神论的立场所杜撰的上帝七天创造世界之类的故事，我们或可宽容地称之为宗教信仰文化产生的神话，而对于基于心本立场所揭示的体认世界的独特视角，我们则没有理由轻率地付以嘲笑或浅薄地予以批判。

出于意识形态的禁忌，我们以往对所谓唯心论的态度往往是不分青红皂白地批判或丢弃，以致根本就没有理解它们的内涵或用心，对于所谓的主观唯心主义之态度更是如此。我们尊重唯物论，相信不依赖于人的主观世界的客观存在，但在笔者看来，唯物论主要解决的是物质作为第一性实存的信仰问题，而就具体的认识途径与价值世界而言，我们没有理由漠视唯心论的智慧，否则就可能流于粗鄙的独断论。对于阳明心学美学的心本立场的评价态度，亦当如是。

感觉的意义

按唯物史观，是物质的、社会的、群体的存在决定了精神的、自我的、个体的存在，这点不容否认；而从价值体验的角度说，具有实际意义的是每个独特的、具体的、精神的个体。离开了独特的具体的个体，所谓的群体与社会也只是理论上的虚设；离开了精神的个体，所谓的意义世界又何从感受？

世界是个群体，而对于世界的感受来自每个独特的个体。人与世界的关系其实是每个独特的个体与整个对象世界的关系。我们何以把握世界及自己在世界上的存在？唯一的途径就是自己对世界的感受和实践，任何信息都需经过自己感受和实践的印证，能够确证自己在世界上存在的唯一可靠依据，就是自己对世界的正常的、健康的感受（也即阳明所谓的灵觉）。

还是马克思的那句话说得深刻而又明白："任何一个对象对我的意义（它只是对那个与它相适应的感觉说来才有意义）都以我的感觉所及的程度为限。"人类生命由无数的具体的个体生命组成，就每个实存的个体而言，他自身就是这个世界的价值支点，整个世界对他而言的价值实现完全取决于他对世界的感受或灵觉。一旦这个个体的感受或灵觉不复存在的时候，这个世界对于他的价值也就不复存在（比如死亡或成为植物人，用阳明的话来说："今看死的人……他的天地万物尚在何处？"（《传习录下》，《全集》卷三，第124页）——我们只有随时意识到这种可能性，才会更珍惜生命的存在。因此，生命的存在，价值的存在，不仅是主体性的，更是个体性的，只有落实在个体性上，生命才不至于被约化为概念性的存在。人的生存本体，需要找到一种可以切实把握的东西，那就是：人的感受，用阳明的话来说，就是本心灵觉。

世界是一种存在，人则是一种生命的存在，即生存。人的生存不同于物的实在，物仅仅是一种自在的实在，而人则是自为的存在。因此，人的生命存在具有两重性，一重是物质性的存在，一重是精神性的存在；物质存在是人的生存前提，精神存在是人的生存本体。就世界实存而言，是物质实在在先，精神存在在后；就意义世界而言，是精神世界为本，物质世界为用，后者的意义因前者而显现；就存在论的立场而言，两者原本就是一个不可分割的境域共体，"大地"呈现为"世界"，正由人的本心灵觉澄明。进入审美存在的视域，我们更有理由尊重心本立场的智慧。美的存在是一种境界，境界因人而呈现，因心而莹彻，是心物对应，由心明觉的澄明境地。

第六章 当下呈现——境域呈现的现象美学

>有心俱是实，无心俱是幻；无心俱是实，有心俱是幻。(《传习录下》，《全集》卷三，第124页)
>
>只是一个明，则随感而应，无物不照；未有已往之形尚在，未照之形先具者。(《传习录上》，《全集》卷一，第12页)

这里所谓的"现象美学"，并非指严格意义上的"现象学"（Phenomenology）美学，宣称阳明有明确的现象学理论，仅是参照和借鉴的提法。不过，阳明心学美学有关审美对象意向性直观呈现的看法，与现象学精神确有一定的相通之处。

笔者无意穿凿附会，生硬比附，将古人的学术思想现代化；如果客观上让读者造成了这样的印象，则是笔者东西学养不足，体认欠深，阐释未圆所至，而非本意如此。任何阐释总是基于当代视域和本心体认的阐释，心有所感，即使把握不足也不得不发。事实上，已有不少学者对阳明"意之所在便是物"(《传习录上》，《全集》卷一，第6页) 的思想与现象学意向性意识作过比较，在美学的领域也有学者从意向性呈现的角度对"山中观花"的问答作过比较与阐释。

根据笔者的体认，阳明心学美学在审美对象呈现方面与现象学意识相近或相通之处，主要有三点：第一，从审美对象意向性呈现的角度（"意在为物"），体现了某种意向结构意识；第二，从审美对象境域中呈现的角度（"当下呈现"），体现了某种境域构成意识；第三，从审美对象直观呈现（"物各付物"）的角度，体现了某种现象直观意识。

意在为物

从先秦开始，对"意"的范畴就有两种解释：一种是《论语》的"毋意"说，另一种是《大学》的"诚意"说。前者把"意"视为意欲私念，"是就私意说"；而后者则将"意"看作是"好善恶恶"的从善意向，"是就好底意思说"[①]。阳明对"意"的解释大体沿袭了上述两条思路，然而在强调"意"的本体意义时，则多从"意"的后一层意义着眼。

---

① 陈淳：《北溪字义》卷上，熊国祯、高流水点校，中华书局1983年版，第17页。

意与物

阳明有著名的所谓"四句理",即"身之主宰便是心,心之所发便是意,意之本体便是知,意之所在便是物"(《传习录上》,《全集》卷一,第6页)。又说:

> 心者身之主也,而心之虚灵明觉,即所谓本然之良知也。其虚灵明觉之良知,应感而动者谓之意;有知而后有意,无知则无意矣。知非意之体乎?意之所用,必有其物,物即事也。如意用于事亲,即事亲为一物……意用于听讼,即听讼为一物;凡意之所用无有无物者,有是意即有是物,无是意即无是物矣。物非意之用乎?(《传习录中》,《全集》卷二,第47页)

在《传习录》中,还有"意之所着为物"(《传习录上》,《全集》卷一,第24页)、"意之涉着处谓之物"(《传习录下》,《全集》卷三,第91页)等提法。在这里,"意"指意识、意向、意念;"意之所在"指意向对象、意识对象,这就是"物"。这些命题表明,意识必然有其对象,意识是对象的意识,"意未有悬空的,必着事物"(《传习录下》,《全集》卷三,第91页),而事物也只有在与意识、意向相关的结构中才能被定义。"意"是作为心之应感而发动,并且必须附着事物,未有悬空,这种意识基本上与胡塞尔现象学之"意向性活动"相当。这里,也许是阳明心学与胡塞尔现象学的契接处或交点。

意向物显

在阳明学研究中,陈来较早地指出了阳明"意之所在便是物"显然是一个接近于现象学(Phenomenology)的命题,而他的心物理论也同现象学的意向性理论颇有相同之处。[①] 而在美学研究中,则是叶朗较早地指出了阳明"山中观花"的问答所体现的意向性呈现意识,他认为这个观花问答表明:"客体的显现('象')总是与

---

① 陈来:《有无之境——王阳明哲学的精神》,第53页。

针对客体的意象密切相关的","由于我的投射或投入,审美对象朗然显现,是我产生了它;但是另一方面,从我产生的东西也产生了我"。① 这句话可以用来作为对于审美体验的意象性的一种形象性描绘。

有意思的是,现象学大师胡塞尔也有对花之呈现的著名解释:

> 花的"显现",并不是作为实在的内在的组成部分,而是在自我意识中,观念地作为意向的某物,呈现的某物,或者等值地陈述就是作为自在意识的内在的"对象意义"。意识的对象,即是在流动过程中与"自身"同一的对象,并不是来自过程之外的。相反地,它是作为一种意义被包括在主观过程自身之中,因而作为由意识的综合所产生的"意向的结果"。②

这就是说,作为意向对象的花的显现,并不是实在对象,而是意向构成作用产生的一个结果。是意向所指,将花作为现象纳入了意向结构,因而内在地呈现为"对象意义"。在胡塞尔看来,现象乃是事物在意识中的显现,他写道:"如果对象不对认识者'显现出来',如果他没有关于这事物的'现象',那么,这些事物对于认识者来说完全就是无。"③ 显然,阳明所谓"你未看此花时,此花与汝心同归于寂;你来看此花时,则此花颜色一时明白起来。便知此花不在你的心外"(《传习录下》,《全集》卷三,第108页)的确与胡塞尔的意向结构不无相通之处。

在近代西方哲学史上,布伦塔诺比较系统地提出了意向性问题,他认为,意向性是一切心理现象的基本特征,意向性就是心理现象与物理现象之间的关系,也是心理活动与其内容之间的关系。他把这种关系称为物理现象以意向的方式存在于心理现象之中,即心理活动指向一个内容、指向一个对象或把对象包摄于自身之中。意向活动必定指向一定对象,因为每一种意识都是关于

---

① 叶朗:《现代美学体系》,第566页。
② 转引自张宪:《论胡塞尔现象学的本质科学》,现代外国哲学编辑组编:《现代外国哲学》(第9辑),人民出版社1986年版,第135—136页。
③ 胡塞尔:《纯粹现象学及其研究领域和方法》,倪梁康选编:《胡塞尔选集》,上海三联书店1997年版,第153页。

物的意识。①

他的弟子、现象学创始人胡塞尔更认为意向性的本质特征在于它们的指向性,即意识必定指向某个对象,意识总是对某物的认识。当意识活动指向某个对象时,意识就处于意向状态,并与这个对象构成意向关系。意向性就表示意识活动与意向对象之间的指向性关系。胡塞尔还认为,意向活动不仅赋予表达式以意义,而且要求这种意义得到实现。一切意向都有得到相应实现的可能性,它要求直接与客观对象相关联,以直观的经验内容来历充实自己,从而成为有确定所指的经验意向。意识不管是处在表象、判断的状态下的,还是处在爱、恨或欲望的状态下,它都不是空洞的,它总是意向性地指向某物。

可以认为,阳明所谓"凡意之所用无有无物者,有是意即有是物,无是意即无是物矣。物非意之用乎?"(《传习录中》,《全集》卷二,第47页)与现象学的这种意向性结构意识是非常相近的。引申到美学上,则可以认为,审美对象的呈现,正是由于意向所指的结果。天光云影、鸢飞鱼跃、碧水苍山、光风霁月,天地万物活泼泼之审美生机景象,孔颜乐处、曾点风度、狂者胸次、圣贤人格,社会人生至善至乐之审美风范境界,无一不是本心良知意向所在的结果。

当下呈现

"现象"对于胡塞尔指显现活动本身,又指在这显现之中显现着的东西,两者内在相关。任何现象都不是现成地被给予的,而是被构成的。因此,现象学或现象学直观的最突出特点是它的"构成"洞见或识度。现象学中讲的"现象""本质""直观""明见性""意向性"等只有置于此原发的构成中才是有新意的。②

---

① 参见布伦塔诺:《心理现象与物理现象的区别》,倪梁康主编:《面对实事本身:现象学经典文选》,东方出版社2000年版,第49—50页。
② 参见张祥龙:《从现象学到孔夫子》,商务印书馆2001年版,第184页。

构成境域

现象学的"构成识度"是对西方的传统形而上学和自然主义（经验主义）的方法论的排斥或超越，在后两类方法论的视野里，本质或现象、主体或客体总是被看成是某种先在的、现成的、绝对决定了的东西。现象学则从根本上否认这种现成的框架，"现象本身"或"事情本身"一定是构成着的或被构成着的，与人认识它们的方式，尤其是人在某个具体形式或境域中的生存方式息息相关。换言之，任何"存在"从根本上都与具体境域中的"生成""体验"或"构成"不可分离。

因此，终极就是构成境域，"存在"必须通过实际的生存状态才能获得非概念性的原发性理解。现象学的一个最基本的原则在于："世界"不仅仅是我的"对象"，而我原本是"世界"的一个部分，主体和客体原本是"同一"的，"世界"如何呈现在我们面前，是和"我们"如何对待"世界"相应的。从这个角度讲，现象学又是一种存在本体论，是本体和方法的内在合一。按现象学的"构成"识度，人与世界原本就是一种"缘在的境域"，因缘而在，因缘而现。因此，人只能在生存境域中体验、领会存在所呈现的终极消息，而本真的世界也即在这种时机化领悟中活泼地呈现。

触机神应

中国传统哲学洋溢着这种境域中生成、呈现的时机化的构成识度，在中国传统智慧看来，至诚之境、得道之境和透悟之境作为本体之境，既不是一种"什么"，也不只是一种"怎么"；既不是主观的，也不只是客观的；既不只是有，也不只是无；而只能是有无相生、主客相融、虚实不二而成就于人生体验中的动人境界。[①] 审美境界的呈现亦当作如是解。在笔者看来，阳明心学美学即极为圆熟地体现了这种构成识度。试看阳明《见斋说》的一段文字：

> "道有可见乎？"曰："有，有而未尝有也。"曰："然则无可见乎？"曰："无，无而未尝无也。"曰："然则何以为见乎？"

[①] 参见张祥龙：《海德格尔思想与中国天道：终极视域的开启与交融》，第8—14页。

曰:"见而未尝见也。"观时曰:"弟子之惑滋甚矣。夫子则明言以教我乎?"阳明子曰:"道不可言也,强为之言而益晦;道无可见也,妄为之见而益远。夫有而未尝有,是真有也;无而未尝无,是真无也;见而未尝见,是真见也。子未观于天乎?谓天为无可见,则苍苍耳,昭昭耳,日月之代明,四时之错行,未尝无也;谓天为可见,则即之而无所,指之而无定,执之而无得,未尝有也。夫天,道也;道,天也。风可捉也,影可拾也,道可见也。"曰:"然则吾终无所见乎?古之人则亦终无所见乎?"曰:"神无方而道无体,仁者见之谓之仁,知者见之谓之知。是有方体者也,见之而未尽者也。颜子则'如有所立,卓尔'。夫谓之'如',则非有也;谓之'有',则非无也。是故虽欲从之,末由也已。故夫颜氏之子为庶几也。文王望道而未之见,斯真见也已。"曰:"然则吾何所用心乎?"曰:"沦于无者,无所用其心者也,荡而无归;滞于有者,用其心于无用者也,劳而无功。夫有无之间,见与不见之妙,非可以言求也。"(《见斋说》,《全集》卷七,第262页)

本真世界和审美世界都是一个有未尝有,无未尝无,见未尝见的灵动境界,"神无方而道无体","即之而无所,指之而无定,执之而无得",它在有无之间为本心灵觉,向良知呈现,"仁者见之谓之仁,知者见之谓之知",是故"知者乐水,仁者乐山",水向知者露美,山向仁者呈善。

著名的"严滩问难"也可以从这个角度作现象美学理解:"有心俱是实,无心俱是幻;无心俱是实,有心俱是幻。"(《传习录下》,《全集》卷三,第124页)审美世界是有,又是无;是实,又是幻。本心朗觉,境域呈现,境界是有;而认定境界现成既在,或境即在物,则是幻。说有心为实,无心为幻,是肯定终极毕竟为终极;说有心为幻,无心为实,则是肯定终极虽为终极,但非既成或现成终极,而是需在境域中构成之终极,一句话,终极即构成,境界即呈现。

从现象学的意识看,现象原本就是"悬中而现"的,因这纯境域中构成着的纯显现先于一切可把握的现成者,对它的体验就不可能是偏执一边或某一实在形态的。因此,美或意境并非只是固定物象的反映或人的心理状态向某种现成现象的投射所造成的，而是现象本身在其被构成的势态处天然形成的。对此，张祥龙先生有过这么生动的一番体验："现象学讲的现象则一定是由人的完全投入其中的活生生体验构成的，而且其根底处一定是渊深而不可落实的发生境域。就其不落实处的生发而言，此境域是涌动不息的；就其渊深不可测而言，又是宁静而致远的。"① 我们在阳明的《见斋说》中，不正是可以感受到现象学的这种生动意趣吗？

良知妙用

阳明的得意弟子王畿曾这样描述良知及其妙用：

> 无声无臭，散为万有，神奇臭腐，随化屡迁，有无相乘之机，不可得而泥也。……无思无为，以通天下之故，"良知"未尝不虚寂也。……有物有则，以适天下之变，"良知"未尝无典要也。……动而天游，握其机以达中和之化，非有二也。功著社稷而不尸其有，泽究生民而不宰其能，教彰士类而不居其德，周流变动，无为而成，莫非"良知"之妙用，所谓浑然一体者也。如运斗极，如转户枢，列宿万象，经维阖辟，推荡出入于大化之中，莫知其然而然。②

他在灵机恍惚的禅趣言语中，对良知及其呈现的非实在、非既在、无定相、无定所的时机性源发特征作了极为生动的透显。

在分析良知的直觉性特征时，笔者已经指出，良知必定在具体的境域中当下呈现，良知并不是一个悬空抽象的理念，而是活泼泼澄明的缘在境界。因此，阳明认为"心无体，以天地万物感应之是非为体"（《传习录下》，《全集》卷三，第108页），"触几神应，是乃良知妙用"③，天地万物以良知为本，良知亦以天地万物为体，良知即在具体的机缘境域中当下呈现。

所谓"未发在已发之中，而已发之中未尝别有未发者在；已

---

① 张祥龙：《从现象学到孔夫子》，第392页。
② 王畿：《阳明先生年谱序》，《王畿集》卷十三，吴震编校整理，第340—341页。
③ 王畿：《读先师再报海日翁吉安起兵书序》，《王畿集》卷十三，吴震编校整理，第343页。

发在未发之中，而未发之中未尝别有已发者存"（《传习录中》，《全集》卷二，第64页），指的是本体与现象只有逻辑设想的先后，并无时空现实的轩轾，"良知只是一个，随他发见流行处当下具足……所以无方体，无穷尽，语大天下莫能载，语小天下莫能破者也"（《传习录中》，《全集》卷二，第85页）。这就是说，良知是即体即用，随处发见，当下具足，良知在感应之机中妙用，万物在感应明觉中呈现。

良知正如明镜，"只是一个明，则随感而应，无物不照；未有已往之形尚在，未照之形先具者"（《传习录上》，《全集》卷一，第12页）。因此，良知不是一个先成的绝对，或抽象的本然（"未有已往之形尚在，未照之形先具者"），也不是如康德所谓与人生和现象界隔绝的物自体，而是一个在生命的灵觉中莹彻澄明的活境。

"良知无方体"，"神，故知周万物而无方；化，故范围天地而无迹"（《玩易窝记》，《全集》卷二十三，第898页）。良知作为灵根天则并非对某种道德律令的固执，而是活灵活现于生活境域的灵明照觉。良知也不可以固定不变的形象方所寻求，而就在具体的境域中与本心生命共时呈现。"夫良知一也，以其妙用而言谓之神，以其流行而言谓之气，以其凝聚而言谓之精，安可以形象方所求哉？"（《传习录中》，《全集》卷二，第62页）

同理，作为由良知灵觉而澄明的审美境界也不可能有方体定所，而只是一个"自然感而遂通，自然发而中节，自然物来顺应"（《传习录上》，《全集》卷一，第22页）的时机化境界（化境）。美之为美，正在心物相照，境域呈现，审美境界，正在心物一体，活泼澄明。美不在物，也不在心，而是心物之间的当下呈现。

阳明弟子王宗沐曾以"心无定体，以物为体。方其应于物也，而体适呈焉，炯然焕然，无起无作，不以一毫智识意解参于其间，是谓动以天也，而自适于则。加之则涉于安排，减之则阙而不贯"（《刻阳明先生年谱序》，《全集》卷三十七，第1363—1364页）来归纳阳明心学旨趣。所谓心无定体，以物为体，方其应物，体适呈焉，不正接近现象本身境域构成的识度？所谓无起无作，不以一毫智识意解参于其间，不正通向了"现象直观"、"现象还原"、让现象无遮蔽地呈现的意识？

物各付物

王阳明曾与弟子围绕"不诚无物""胸中无物""物来顺应""物各付物"等四个命题来讨论心物的关系:

> 后有人问九川曰:"今何不疑'物'字?"曰:"《中庸》曰'不诚无物',程子曰'物来顺应',又如'物各付物''胸中无物'之类,皆古人常用字也。"他日先生亦云然。(《传习录下》,《全集》卷三,第91页)

> 孟源问:"静坐中思虑纷杂,不能强禁绝。"先生曰:"纷杂思虑,亦强禁绝不得,只就思虑萌动处省察克治,则天理精明后,有个'物各付物'的意思,自然精专,无纷杂之念。《大学》所谓'知止而后有定'也。"(《传习录拾遗》,《全集》卷三十二,第1179页)

需要指出的是,这里所讲的"物来顺应""物各付物",其直接语境是指即人、物各因其性而自成,也即"时措之宜"。人往往以己之所欲加之于人、物,常常因此而泯除差异,破坏人、物之个性成就。这恰恰造成了人我、物我的暌隔不通。因此,成人成物需要"因才成就","因时制宜","因时致治","随人分限所及",终至人、物各尽其用。然而联系到阳明及宋明理学家的"观物"意识,"物各付物"的命题确实包含着通向"现象直观""让现象自己呈现"意识的契机。所以,"物各付物"作为美学命题是超越直接语境之局限,结合其思想渊源和特征及此命题可以有的内涵,而对阳明心学美学所作的更宽融的体认。

以物观物

也许是本于孔子的"毋意、毋必、毋固、毋我"观念,又融入了道家的"虚静""静观"和佛家的"虚明""无执"等意识,理学家大体喜欢持"以物观物"或"物各付物"的观物态度。邵雍有著名的"以物观物"说,并以此反对"以我观物"的态度:

> 夫鉴之所以能为明者,谓其能不隐万物之形也。虽然,鉴之能不隐万物之形,未若水之能一万物之形也。虽然,水之能

一万物之形,又未若圣人之能一万物之情也。圣人之所以能一万物之情者,谓其圣人之能反观也。所以谓之反观者,不以我观物也。不以我观物者,以物观物之谓也。既能以物观物,又安有我于其间哉?①

他又说:"以物观物,性也;以我观物,情也。性公而明,情偏而暗。""任我则情,情则蔽,蔽则昏矣;因物则性,性则神,神则明矣。"撇开他的伦理内容,就其观物的态度和方式上,确与现象学的态度和方式有着异曲同工之处。所谓"任我则情,情则蔽",正是现象学所要"悬置"的"意见"和态度,"反观者,不以我观物",而"以物观物",正接近于现象学"现象还原"和"让事物自己呈现"的思想。

程明道也说:"致知在格物,物来则知起。物各付物,不役其知,则意诚不动;意诚自定,则心正。"②伊川则谓:"人万物皆备,遇事时各因其心之所重者,更互而出,才见得这事重,便有这事出。若能物各付物,便自出不来也。"③明道的"物各付物,不役其知",似乎有本质直观的意识。伊川之"物各付物,便自不出来",也似乎体现了类似"意见悬置"的立场。程颢"万物静观皆自得"④的著名诗句,更直接表明审美境界正是一种直观性的呈现。

本质直观

我们知道,现象学精神在如何接近事物和本真方面有几个主要的原则:第一,"面向实事本身",或"面向事物本身"的态度,排斥任何见解的中介而直接把握实事本身。"世界"就是它向我们显示的那个样子,"事物"的"背后"并没有什么其他的东西存在,"回到事物本身",就是"回到现象本身"。第二,因此,需要现象学的"悬置"或"加括号",即将对于世界的种种自然的、科学的、传统哲学的观念都悬置起来,使人摆脱这些假设和成见的干扰。第三,进入"本质的还原"或"本质的直觉",从呈现在意识领域内的现象

---

① 邵雍:《观物内篇》,《邵雍集》,郭彧整理,中华书局2010年版,第49页。
② 程颢、程颐:《河南程氏遗书》卷六,《二程集》,王孝鱼点校,第84页。
③ 程颐:《河南程氏遗书》卷十八,程颢、程颐:《二程集》,王孝鱼点校,第201页。
④ 程颢:《秋日偶成》,《河南程氏文集》卷三,程颢、程颐:《二程集》,王孝鱼点校,第482页。

中，排除那些感性的、具体的、偶然的和混杂了虚假成分的或被歪曲了的东西，从而将纯粹的现象，也就是直接呈现在意识中的"事物本身"描述出来。这就是本质直观的方法。

在胡塞尔，所谓本质的还原或直觉就是通过反省自己的主观意识获得事物本质的方法，他的"实事本身"是"意识以及意识的对象性"；而海德格尔则试图跳出意识哲学的范围，把现象学的"实事本身"理解为"存在者之存在"。于是，现象学的旨趣就转向如何到达物的自在存在，如何让物无遮蔽地呈现，本真正是存在的"无遮蔽的状态"，就是本质直观。

一照皆真

那么，阳明心学美学中有无这样的意识？笔者的体会是肯定的，至少是有了相近或相通的意识。在笔者前面已引过的材料中，其实已透露出这种意识。

按阳明心学，良知作为天地万物之本，良知的呈现，也即万物的呈露；按其心学美学，良知即是审美对象之本，良知的呈现，也即审美对象的呈露——一句话，美即良知的本然呈现。本然呈现，也即让事物处于无遮蔽状态，让本真自我呈露。阳明认为："良知本来自明。气质不美者，渣滓多，障蔽厚，不易开明。质美者，渣滓原少，无多障蔽，略加致知之功，此良知便自莹彻。"（《传习录中》，《全集》卷二，第68页）天地物象不明，缘于良知被遮蔽，因此，如何使万物如其真相地如如呈现，关键就须在致良知上用功，若良知"灵昭不昧"，"光明圆莹，更无挂碍遮隔处"（《传习录中》，《全集》卷二，第86页），则万物就能一一如其真相地呈现，所以"圣人致知之功至诚无息，其良知之体皎如明镜……妍媸之来，随物见形，而明镜曾无留染。所谓情顺万事而无情也。无所住而生其心……明镜之应物，妍者妍，媸者媸，一照而皆真"（《传习录中》，《全集》卷二，第70页）。

不难看出，阳明的良知本然呈露的本体意识和"致良知"使良知明白的工夫论，已包含着某种接近"面向实事本身"，让"实事本身"无遮蔽地呈现、本质直观的意识和"现象学悬置"的态度。他这样说：

天命之性，粹然至善，其灵昭不昧者，皆其至善之发见，是皆明德之本体，而所谓良知者也。至善之发见，是而是焉，非而非焉，固吾心天然自有之则，而不容有所拟议加损于其间也。有所拟议加损于其间，则是私意小智，而非至善之谓矣。（《亲民堂记》，《全集》卷七，第251页）

世之儒者，各就其一偏之见，而又饰之以比拟仿像之功，文之以章句假借之训，其为习熟既足以自信，而条目又足以自安，此其所以诳己诳人，终身没溺而不悟焉耳。（《寄邹谦之四》，《全集》卷六，第206页）

所谓"有所拟议加损于其间"，所谓"一偏之见"或"习熟"，都正是现象学所要"悬置"的对象。阳明已意识到，造成物我之间"捍格不入"的主要原因是"意见先入"，因此，"学问最怕有意见的人，只患闻见不多。良知闻见益多，覆蔽益重"（《传习录拾遗》，《全集》卷三十二，第1172页）。"若无有物欲牵蔽，但循着良知发用流行将去，即无不是道。但在常人多为物欲牵蔽，不能循得良知。"（《传习录中》，《全集》卷二，第69页）"君子之学以明其心。其心本无昧也，而欲为之蔽，习为之害。"（《别黄宗贤归天台序》，《全集》卷七，第233页）正是"意见""闻见""物欲"，阻碍着良知的呈露和本真的获得。因此，"吾辈用功，只求日减，不求日增"（《传习录上》，《全集》卷一，第28页），"譬彼土中镜，暗暗光内全；外但去昏翳，精明烛嫫妍"（《门人王嘉秀实夫萧琦子玉归书此见别意兼寄声辰阳诸贤》，《全集》卷二十，第733页）。

阳明借用佛家的用语，以明镜去尘复明，来比喻通过"去蔽"让事物真相呈现，"千圣本无心外诀，六经须拂镜中尘"（《夜坐》，《全集》卷二十，第787页）。当然，他这里所谓"物"，乃是"意之所在""意之所着"或"意之所指"，这也接近胡塞尔所谓的"现象"乃是直接呈现在意识中的"事物本身"。在阳明看来，"良知底用安排得？此物由来自浑成"，良知呈物，自然浑成，无须"安排"获得，"久奈世儒横臆说，竞搜物理外人情"（《次谦之韵》，《全集》卷二十，第785页）。世儒之"横臆说"正是颠倒之见，反而遮蔽了良知，遮蔽了物之真相。因此，需要彻底地摆脱和排除任何假设、成见、先见、前知的干扰，"物各付物"，让物在透明之境如如地自我呈现。

这种态度，就是接近"现象直观"的态度，而按胡塞尔的看法，"现象学的直观与'纯粹'艺术的美学直观是相近的"，"对一个纯粹美学的艺术作品的直观是在严格排除任何智慧的存在性表态和任何感情、意愿的表态的情况下进行的，后一种表态是以前一种表态为前提的。或者说，艺术作品将我们置身于一种纯粹美学的、排除了任何表态的直观之中。"①这种态度，也就是"虚静""静观"的态度，"虚"能去成见而纳万物，"静"能入物性而体真相，物相超越了它的常识的、功利的、理智的假象，本性真如一如其真地呈现，就透露出超然自得的审美之机。试看阳明如下的诗句：

闲来心地如空水，静后天机见隐微。（《秋夜》，《全集》卷二十，第787页）

闲观物态皆生意，静悟天机入窅冥。道在险夷随地乐，心忘鱼鸟自流形。（《睡起写怀》，《全集》卷十九，第717页）

一雨秋凉入夜新，池边孤月倍精神。潜鱼水底传心诀，栖鸟枝头说道真。莫谓天机非嗜欲，须知万物是吾身。无端礼乐纷纷议，谁与青天扫宿尘？（《碧霞池夜坐》，《全集》卷二十，第786页）

秋来万木发天声，点瑟回琴日夜清。绝调回随流水远，余音细入晚云轻。洗心真已空千古，倾耳谁能辩九成？徒使清风传律吕，人间瓦缶正雷鸣。（《秋声》，《全集》卷二十，第786页）

这里岂不是洋溢着让物象之美自我呈现的现象学精神？让机心成见悬置（"洗心"），使"闲来心地如空水"；让万木鱼鸟"发天生"，使物象生意"自流行"，"闲观物态皆生意，静悟天机入窅冥"，这正是一种活泼透明的现象直观之境，审美对象正在摆脱世俗或理念的胶滞捍格状态的过程中如如地呈现或澄明。

要言之，阳明在心学美学本体论上以心本立场将天地万物纳入

---

① 胡塞尔：《艺术直观与现象学直观》，倪梁康选编：《胡塞尔选集》，第1203、1202页。

意义世界的建构，道德和审美的世界也在这建构中呈现。天地万物以心为本体，心又以良知明觉为本然和应然规定，良知的内在性和当下呈现性使其需要在具体境域中现实地呈现。这种呈现是良知的本然呈露，无须意见的安排，后者反而会遮蔽本心良知和物态真相的真实呈现。从美学上讲，美即本心良知在境域中的直观呈现。

第七章 心上工夫——直觉顿悟的体验美学

> 闲观物态皆生意，静悟天机入窅冥。（《睡起写怀》，《全集》卷十九，第717页）
>
> 鸣鸟游丝俱自得，闲云流水亦何心？从前却恨牵文句，展转支离叹陆沉！（《山中示诸生五首》，《全集》卷二十，第729页）

阳明心学注重"心上工夫"，即通过本心对"良知"的缘机体认和直觉领悟，使良知在本心直觉中真体朗显，活泼澄明。这种"心上工夫"使其心学美学带有生命直觉和现象直观精神：其审美把握的角度是境域中的时机化体认，其审美体认的方式是无现成、无绝对、无理障的直觉领悟，其美学形态则由理学美学的伦理思辨美学转向生命直觉和心性体验美学。

心与禅悟

"心上工夫"内在地涉及与禅的关系。阳明早年曾出入佛道，与佛教禅宗更有不解之缘，湛若水作《阳明先生墓志铭》，就说阳明"逃仙逃禅，一变至道"（《阳明先生墓志铭》，《全集》卷三十八，第1405页）。阳明的活泼生性和颖慧悟性，使他易于与佛禅相通。尽管在伦理立场上，阳明一直拒斥佛老，但在思辨智慧上，他却灵透地运用着禅家机趣。

神秘体验

和会儒禅的追求使阳明不但在讲学点化学生等外在风貌方面似禅[①]，在思想方法上用禅，而且其"致良知"说的形成，正来自类似"禅悟"式的神秘体验。《年谱》记其龙场悟道云：

> 日夜端居澄默，以求静一。久之，胸中洒洒。……因念："圣人处此，更有何道？"忽中夜大悟格物致知之旨，寤寐中若有人语之者，不觉呼跃，从者皆惊。始知圣人之道，吾

[①] 《年谱一》记载："盖先生点化同志，多得之登游山水间也。""（徐爱）与先生同舟归越，论《大学》宗旨。闻之踊跃痛快，如狂如醒者数日，胸中混沌复开。"（《全集》卷三十三，第1236、1235页）

性自足，向之求理于事物者误也。(《年谱一》，《全集》卷三十三，第1228页)

王龙溪也曾记述阳明在阳明洞天修习静坐而得神秘体验的经历：

> 先师……究心于佛老之学，筑洞天精庐，日夕勤修，炼习伏藏，洞悉机要……自谓尝于静中内照，形躯如水晶宫，忘己忘物、忘天忘地，混与虚空同体，光耀神奇，恍惚变幻，似欲言而忘其所以言，乃真境象也。及居夷处困，动忍之余，恍然神悟，不离伦物感应，而是是非非，天则自见。①

由默坐澄心而获得神秘体验，终至"心体呈露""光明莹彻"，感觉"万物皆备于我"，良知朗照而"天机自见"，于此又伴随着内心的狂喜。这种神秘体验，即是道德的领悟，又与审美体验相通。

互为表里

从某种角度讲，阳明心学与禅学是互为表里的，阳明"致良知"的"心上工夫"与佛老机趣尤其是禅悟精神有着深刻的互通之处，或者说，正是会通禅悟精神的结果。柳存仁先生指出："阳明之心学与佛、道（尤其是禅宗）在修养方法方面，相同之处甚多，而应用或异。阳明自言：'夫禅之学与圣人之学，皆求尽其心也，亦相去毫厘耳。'可谓不易之论。"他认为："王学之包融佛教者其事多方，固不止修持功夫一端。抉其大而可寻者，窃以为实有（一）明觉自然义；（二）无所住义；（三）无善无恶义；（四）万物一体义及（五）破生死义。五者皆佛也。然王阳明思想中如去此五事，则不惟其思想之光芒大为减色，即其体系亦将受影响。"②

儒学传统中也有神秘的心理体验，陈来先生曾把它归结为如下特征：（一）自我与万物一体；（二）宇宙与心灵合一，或宇宙万物都在心中；（三）所谓"心体"（即纯粹意识）的呈现；（四）一切差

---

① 王畿：《书滁阳会语兼示水西宛陵诸同志》，《龙溪会语》卷一，《王畿集》，吴震编校整理，第692—693页。
② 柳存仁：《王阳明与佛道二教》，《和风堂文集》，上海古籍出版社1991年版，第899—900页。

别的消失;(五)突发的顿悟;(六)高度的兴奋、愉悦,以及强烈的心灵震撼与生理反应。① 这种心灵体验与禅的体验、禅悟精神是十分接近、内在地相通的,两者又都与审美体验的境界非常相似。阳明与禅的关系,学人已作过许多研究,② 兹不赘述,此处仅就阳明心学体验美学的"心上工夫"与禅悟之会通处及在美学上的意义略作分析。

对于禅的体验特征,学界多从"顿悟"的阐释来把握。周述成在《论禅之体悟与审美体悟》一文中,归纳了禅之体悟与审美体悟的六点异同:(一)非逻辑性;(二)不确定性;(三)移情性;(四)真实性;(五)突发性;(六)超越性。③ 惜其尚未把握禅的"体悟"的精髓。日本的铃木大拙在《禅与生活》《禅与心理分析》等专著中曾指出"禅悟"的基本特征是与所观所见取"不即不离"的态度,从人生境界的角度来把握这种审美的直觉智慧。其学生阿部正雄更是强调:"禅宗的目标永远在于把握生命中活泼泼的实在","真正的禅把非思量当作它的最终基础,从而可以根据情况的需要,通过思量与不思量而任运自在地表现禅的自身",在禅的看似不假思索中隐含了对人生境界的深刻思量。④

禅是佛家心本哲学与中国心性思辨融通化的一种生命智慧,以"悟"的方式表达着对宇宙人生本体境界的灵动而精致的证会。其"禅悟"工夫表现出以下的特征:

(一)禅把直接指向事物作为禅境的真谛。直接指向不是单纯感官上的面对事物,也不是理智上的直接认知,而是身心无所中介地进入事物。如唐代青原禅师所谓"见山是山,见水是水"至"见山不是山,见水不是水",终至"见山只是山,见水只是水"⑤ 的三种禅境正表达了对生命境界的由物我两隔,至入我无物,终至物我一体、天人两得的体悟过程。

(二)禅通过直截了当的践行方式来验证一种"佛性"的归复自我,其本旨即"无自我即为佛,佛性归时即自我"。在禅看来,自我

---

① 陈来:《有无之境——王阳明哲学的精神》,第410页。
② 可参见陈荣捷:《王阳明与禅》,台湾学生书局1984年版。
③ 周述成:《论禅之体悟与审美体悟》,《文艺研究》1993年第3期。
④ 参见阿部正雄:《禅与西方思想》,王雷泉、张汝伦译,上海译文出版社1989年版,第29—31页。
⑤ 普济:《五灯会元》卷十七,苏渊雷点校,中华书局1984年版,第1135页。

应该是开放状态的，因此，不是俗常的欲念激醒自我意识，而应当是自我在自主的状态下向大千敞开，于无我处获得澄明之境。

（三）禅还通过否定语言来曲折地示意反常规、反逻辑的意图，以最终实现在体悟禅宗的宗旨上也要用禅的方式解决的奥妙。禅家修炼的公案中，时常看到很极端的否定语言之趋向。特别是在后期禅宗的观念中，语言对事物和自我的认识功能被当作阻滞人修炼心性的重要障碍。禅的追求目标，是指向了人的生命的即兴式的身心无碍的统一。这种身心无碍的统一是一种主体状态彻底的自由，当然包括审美心境的自由。这样，禅的理想便在调动身心诸机能的前提下，力图彻底根绝理性对生命的强硬控制和感性对生命的自恋放逐，以实现生命在投入任何境遇时放旷轻松的愉悦，禅的人生由此进入一种主客高度相融相怡的和谐。①

禅宗的这种心性修炼和生存智慧，被阳明巧妙地融合于"致良知"的"心上工夫"。因此，有学者把阳明的良知喻为"玄善"，它有这么几个特点：一是无规定性，不执着具体的事物或形相，"心体上着不得一念留滞"（《传习录下》，《全集》卷三，第124页）；二是内在性，即不离感性而又超越感性；三是喻象性，即不可以条理明言，但可以用具体形象明喻。②

"致良知"的过程也就是通过"虚灵不昧"的心灵直觉体认这种玄妙本体的过程，所谓"触机神应，良知妙用"，指的是这种体认没有一丝一毫的理性思考，是一刹那间的整体感悟。所谓"不作一念"，"光明圆莹，更无挂碍遮隔处"（《传习录中》，《全集》卷二，第86页）的"大知"或"明觉"，正是破除了"理障"和"相缚"，达成无思无虑、莹明透彻、应物见心的直觉。

良知的呈现，无须理智的分析，更要摆脱支离的解析而直接切入真如境界。所谓"有心俱是实，无心俱是幻；无心俱是实，有心俱是幻"，"性无定体，论亦无定体"（《传习录下》，《全集》卷三，第124、115页），指的是存在之境或生命之境未有先于一切可把握的现成者，而是心物"不即不离"、缘机呈现的灵动化境；对它的体认就不可能是偏执一边或某一实在形态，而是需要灵觉妙用，"触机

---

① 参见赵建军：《东方坐标：儒、道、禅及其审美意识追求》，《临沂师专学报》1998年第1期。
② 方尔加：《王阳明心学研究》，第129—133页。

感应"。所谓"良知之体皦如明镜,略无纤翳。妍媸之来,随物见形,而明镜曾无留染。……明镜之应物,妍者妍,媸者媸,一照而皆真,即是生其心处。妍者妍,媸者媸,一过而不留,即是无所住处"(《传习录中》,《全集》卷二,第70页),指的是本性真如,"无所住而生其心",良知灵觉正在"无所住处"澄明。这种境界,这种工夫,岂不是充溢着禅家机趣?

郭沫若曾对王阳明大加赞赏,从思维方式上看,他所"礼赞"于王阳明的正是内化于中国知识分子心灵中的佛家的精巧思辨和直觉顿悟。这种"心上工夫"用于具体事物的认识,也许会显得过于玄妙而空疏,然而在审美认识上却有独特的魅力,真正契合了审美体验直觉灵照、心意融动、物我一体、离合无间的特征,因而在审美和艺术哲学上产生了深远的影响。可以说,阳明心学美学的"心上工夫",作为一种缘机体认、直觉顿悟的审美体验方式,就其思想渊源上,与儒家传统的神秘直觉体验和禅宗心觉意识相关;而就其思维方式上,又与现象学直观、现象学还原的意识相近相通。

缘机体认

阳明心学美学的"心上工夫",首先强调"缘机体认",也即境域中时机化的灵明照觉。"缘机"即"触机感应",在具体境域中随机感发,触缘应物;物不是现成的物,心也不是定格的心;心随物感,境缘心起,相生相发,相感互呈。"体认"即"静处体悟"(《传习录下》,《全集》卷三,第105页)、"深思默识"(《寄闻人邦英邦正二》,《全集》卷四,第169页)、"于心上体验明白"(《传习录下》,《全集》卷三,第94页),这便是以心体物,以心体心,在直觉中领悟"未发之中""已发之和",让本心良知在缘境中如如地直观呈现。"触机感应","自然感而遂通,自然发而中节,自然物来顺应"(《传习录上》,《全集》卷一,第22页);"体认研究",自然"深造自得"(《与陆原静》,《全集》卷四,第166页)。

性无定体

"缘机体认"的本体论和工夫论的理据是"性无定体,论亦无定体":

> 性无定体，论亦无定体，有自本体上说者，有自发用上说者，有自源头上说者，有自流弊处说者。总而言之，只是一个性，但所见有浅深尔。若执定一边，便不是了。性之本体原是无善无恶的，发用上也原是可以为善，可以为不善的，其流弊也原是一定善一定恶的。……皆是执定，就知是错。(《传习录下》，《全集》卷三，第115页)

这种见解，在本体论上体现为现象真如在境域中时机化呈现的意识，在工夫论上则体现为对现象真如须在境域中时机化体认的意识，呈现和体认本来就是两在合一的互融结构。在前一章，笔者已从就其现象真如在境域中时机化呈现的意识作为"现象美学"作了分析，本章则侧重就其对现象真如须在境域中时机化体认的意识作为"体验美学"再作探讨。虽然所就的是相同的文本，但着眼点有所不同：前者是本体的呈现，后者是工夫的体认。

"性无定体，论亦无定体"，因此必须"缘机体认"，"缘机"就须"知几"，"实理之妙用流行就是神，其萌动处就是几……圣人只是知几，遇变而通耳"(《传习录下》，《全集》卷三，第109页)。《易·系辞》云："知几其神乎？……几者，动之微，吉之先见者也。"《周易正义》云："几是离无入有，在有无之际。"[①] "知几其神"，"几"虽无定体和定法可依，却可由良知妙用来体认；致良知正是这样一种活泼泼的体认工夫。

熊十力先生对"真几"作这样的阐释："真者，无虚妄义。几者，动之微。……须知宇宙人生，本来不二。吾人必克治其随形骸俱起之杂染，或小己之私，而与宇宙大生命同流无间，方可体会宇宙真几。"[②] 可谓得阳明体认意识之三昧。"触机感应"就须"虚心应物""物来顺应"，有个"廓然大公""物各付物"的意思，其要义就在于让本心良知摆脱私欲和杂念的干扰，始终处于"虚灵不昧"的状态，在应事应物的活境中一应其如地朗显。阳明反复强调体认良知无须"前知"，只须"知几"："圣人不贵前知。……只是知几，遇变即通耳。良知无前后，只知得见在的几，便是一了百了。若有

---

① 王弼、韩康伯注，孔颖达正义：《周易注疏》卷十二，于天宝点校，第452页。
② 熊十力：《为诸生授〈新唯识论〉开讲词》，郭齐勇编：《熊十力学术文化随笔》，第16页。

个前知的心,就是私心,就有趋避利害的意。"(传习录下》,《全集》卷三,第109页)良知明觉,随感而应,故能自发而中节,自能尽了万事万变。"前知"仍是概念或成见,"知几"方是时机化的灵觉。

活泼体认

阳明一再强调:"义理无定在,无穷尽。"(《传习录上》,《全集》卷一,第12页)"善即吾之性,无形体可指,无方所可定,夫岂自为一物,可从何处得来者乎?"(《与王纯甫二》,《全集》卷四,第155页)"道无方体,不可执着。却拘滞于文义上求道,远矣。"(《传习录上》,《全集》卷一,第21页)因此,在教人治学上,"圣贤论学,多是随时就事"(《传习录中》,《全集》卷二,第84页),"与人论学,亦须随人分限所及","圣人教人,不是个束缚他通做一般:只如狂者便从狂处成就他,狷者便从狷处成就他。人之才气如何同得?"(《传习录下》,《全集》卷三,第96、104页)在成就人才上,"人要随才成就","须是因时制宜,难预先定一个规矩在"。(《传习录上》,《全集》卷一,第21、19页)总而言之,心体、性体、道体,均非定体,是需要在境域中时机化澄明的活体或活境,因此无论是教人成材还是论学治文,都需要在活的境域中随机成就或体认,若执定一边,便不是了。

相应的,审美对象作为本心灵觉与对象世界互融共呈的境象,更是"即之而无所,指之而无定,执之而无得"(《见斋说》,《全集》卷七,第262页),有无相间、虚实相即的活的灵境,审美体验更需要本心灵觉的"缘机体认"。缘机体认的审美工夫,"方才活泼泼地,方才与他川水一般","圣人何能拘得死格"?不然,"若拘定枝枝节节,都要高下大小一样,便非造化妙手矣"。总之,"功夫不是透得这个真机,如何得他充实光辉?若能透得时,不由你聪明知解接得来。须胸中渣滓浑化,不使有毫发沾带。"(《传习录下》,《全集》卷三,第103、112、105页)

在阳明看来,世界对人呈现出何种境界,关键取决于人心如何处世,如何呈现。若执着于功利得失之心,或拘泥于板滞知解之意,则天地失却生机,生活了无意趣。若了无得失之心,把握自得之意,则虽在功名利禄之场,又安能累人?"只要良知真切,虽做举业,不为心累。……读书作文安能累人?人自累于得失耳。""文字思索亦无害。但作了常记在怀,则为文所累,心中有一物矣,此则未可也。……凡作文字要随我分限所及。若说得太过了,亦非修辞立诚矣。"(《传习录下》,《全集》卷三,第100、98页)周敦颐不除窗前之草,认为与自家生意一般,而阳明则以为不必如此执定,"草有妨碍,理亦宜去,去之而已。偶未即去,亦不累心"(《传习录上》,《全集》卷二,第29页)。这种心态似更为"无可无不可","无所住而生其心"。这给我们一个启示,审美在于一种心态,若能把持住灵动照觉的心境,天地之间何处不可乐,人间世事何事又能妨碍乐?不累于心,就能"无入而不自得"。

"体认"是自家身心的入体之认,需要"体认得自己良知明白",阳明说:

> 圣人气象自是圣人的,我从何处识认。若不就自己良知上真切体认,如以无星之称而权轻重,未开之镜而照妍媸,真所谓以小人之腹而度君子之心矣。圣人气象何由认得?自己良知原与圣人一般,若体认得自己良知明白,即圣人气象不在圣人而在我矣。(《传习录中》,《全集》卷二,第59页)

阳明认为体认不是理智之认识,而是身心之浸润。"此须自心体认出来,非言语所能喻。"(《传习录上》,《全集》卷一,第23页)"心之精微,口莫能述,亦岂笔端所能尽已!"(《答王天宇二》,《全集》卷四,第164页)"体来与听讲不同……知尔只是忽易,未有滋味。只这个要妙,再体到深处,日见不同,是无穷尽的。"(《传习录下》,《全集》卷三,第93页)体认就要入心去体会,在身心浸润中领悟滋味。正如"哑子吃苦瓜,与你说不得。你要知此苦,还须你自吃"(《传习录上》,《全集》卷一,第37页)。大弟子王畿对阳明的这种心上工夫深有体会:

> 道必待言而传……言者,所由以入于道之诠,凡待言而传者,皆下学也。学者之于言也,犹之暗者之于烛,跛者之于杖也。有触发之义焉,有栽培之义焉,而其机则存乎心悟。不得于心而泥于言,非善于学者也。……得也者,非得之于言,得之于心也;契之于心,忘乎言者也,犹之烛之资乎明,杖之辅

乎行，其机则存乎目与足，非外物所得而与也。(《重刻阳明先生文录后语》，《全集》卷四十一，第1571页)

显然，体认不是言语所及的知解工夫，"道之全体，圣人亦难以语人，须是学者自修自悟"(《传习录上》，《全集》卷一，第24页)，也不是刻意探微的机巧工夫，"用功到精处，愈着不得言语，说理愈难。若着意在精微上，全体功夫反蔽泥了"(《传习录下》，《全集》卷三，第115页)。体认的工夫，是活泼自然的工夫，是随机灵动的工夫，灵觉莹彻的工夫。

以这种工夫，"凡观古人言语，在以意逆志而得其大旨，若必拘滞于文义，则糜有孑遗者，是周果无遗民也"(《传习录中》，《全集》卷二，第64页)，"自非履涉亲切，应未识斯言味永而意恳也。……吾人为学当从心髓入微处用力，自然笃实光辉"(《与黄宗贤五》，《全集》卷四，第152页)。以这种工夫，"学者读书，只要归在自己身心上。若泥文著句，拘拘解释，定要求个执定道理，恐多不通。盖古人之言，惟示人以所向往而已"(《传习录拾遗》，《全集》卷三十二，第1176页)，因此，"莫若明白浅易其词，略指路径，使人自思得之，更觉意味深长也"(《答甘泉》，《全集》卷五，第181页)。总之，"学问也要点化，但不如自家解化者，自一了百当。不然，亦点化许多不得"(《传习录下》，《全集》卷三，第114页)。

以这种工夫审美，自能"闲观物态皆生意，静悟天机入窅冥"(《睡起写怀》，《全集》卷十九，第717页)，自能"鸣鸟游丝俱自得，闲云流水亦何心？从前却恨牵文句，展转支离叹陆沉！"(《山中示诸生五首》，《全集》卷二十，第729页)要言之，"缘机体认"即是本心灵觉在境域中的时机化朗显和妙用，这在审美体验上不能不说是一种深刻而充满机趣的洞见。

按阳明心学本体工夫论，本体即工夫，工夫即体认，体认即生生之实现。心学的实践工夫是在人生实境中的活的呈现，心学的语言表达方式也是依语境时机的活的表达，所以一部《传习录》，一部《明儒学案》，必记学者之人生风范和当下体验。何谓美，何谓善，阳明点拨弟子不是用伦理教条，而是处处结合具体的生活境域让他们自己去体验。阳明谈论良知，证会本体，从来不是隔离地言之，而是如其至真至实具体处而言之。本体无一刻而不呈现于具体事象之中，工夫所至即是本体，良知即具体真切处活泼泼地呈露流行。如阳明对浙江永康籍弟子周莹，西安籍弟子郑德夫、周以善，海宁籍弟子董萝石等，都曾作过这样生动的点拨，让他们在具体的境域中体认本心良知、人生境界，弟子闻之悟后，无不欢呼雀跃，欣然乐而忘归。① 这些例子，从本体论的角度言，表明道德和审美境界即在具体境域中呈现，而从工夫论的角度，又表明道德和审美体验本身是一种非理智、无成见的缘机体认和直觉领悟。

直觉顿悟

阳明心学美学审美体验的"心上工夫"，就其把握的角度或保持的态度是境域中时机化体认，就其体认的方式则是无现成、无绝对、无理智、无造作的直观领悟。

理障相缚

借用佛家的用语，就是破除"理障"和"相缚"的定相或假相，让审美世界在本心直觉中真体朗显。

"理障"语出佛经《圆觉经》，意谓以理阻碍正知，阳明曾借用这个佛家术语以批评"去心上寻个天理"的态度。《传习录》有如此记载：

> 庚辰往虔州，再见先生，问："近来功夫虽若稍知头脑，然难寻个稳当快乐处。"先生曰："尔却去心上寻个天理，此正所谓理障。此间有个诀窍。"曰："请问如何？"曰："只是致知。"曰："如何致？"曰："尔那一点良知，是尔自家底准则。尔意念着处，他是便知是，非便知非，更瞒他一些不得。尔只不要欺他，实实落落依着他做去，善便存，恶便去。他这里何等稳当快乐。此便是格物的真诀，致知的实功。若不靠着这些真机，如何去格物？我亦近年体贴出来如此分明，初犹疑只依他恐有不足，精细看无些小欠阙。"（《传习录下》，《全集》卷三，第

---

① 见《赠周莹归省序》《赠郑德夫归省序》《赠周以善归省序》《从吾道人记》（《全集》卷七）。

92页）

我们知道，"心即理"与"存天理，去人欲"是王阳明早期讲学的两个重要宗旨，而此处竟视"理"为"障"，其意义究竟如何？

其实，王阳明曾殚精竭虑所思索的"理"，不过是人的"是非之心"，人心的一点"灵明"，若不靠着这些真几，再去寻求所谓现成的"天理"，这就是"理障"。"天理"不是外在的定则，不能作为既定的对象去把捉，而即是本心良知之发明，良知即是"天理之昭明灵觉处"，所以一般情况下，阳明更愿意谈"良知"而非"天理"，在其思想成熟后更是单举"致良知"之宗旨。在他看来，"良知发用之思自然明白简易，良知亦自能知得"（《传习录中》，《全集》卷二，第72页）。因此，即便同为心学家，又是好友的湛若水的"随处体认天理"的观点，在阳明看来也似乎有"理障"的影子，他认为："'随处体认天理'之说，大约未尝不是。只要根究下落，即未免捕风捉影，纵令鞭辟向里，亦与圣门致良知之功尚隔一尘。"（《寄邹谦之》，《全集》卷六，第201页）"捕风捉影"与"理障"一词所指有相同处，仍有将"天理"作为已成对象去捕捉的意思，也即"去心上讨个天理"，还是与"圣门致良知之功尚隔一尘"。所以他强调"学者读书，只要归在自己身心上。若泥文著句，拘拘解释，定要求个执定道理，恐多不通"。

熊十力先生曾指出："'相缚'一词，本之大乘相宗，意义极深远。相者，相状。为相所缚，曰相缚。人生不能离开实用，故理智常受实用方面的杂染，每取着境相。易言之，思辨之行，恒构画成相，此相既成，还以锢缚自心，而不得脱然默契实理，故云相缚。"[①]阳明并未径用"相缚"一词，但他的良知体认、直觉澄明的工夫确与佛家摆脱"相缚"，以显真如的意识相通。

总之，"致良知"的"心上工夫"，作为一种直觉顿悟，其要义正在于本心良知对世界的无现成的直观领悟。既要摆脱来自理性意识方面的障碍（"理障"），又要摆脱来自实用意识方面的束缚（"相缚"），而"理障"和"相缚"的共同特征就是对现成之物（无论它

---

① 熊十力：《哲学本体论的重建》，郭齐勇编：《熊十力学术文化随笔》，第39页。

是"理",还是"相")的执定。

按阳明的观念,理无方体,心无定所,"人之本体常常是寂然不动的,常常是感而遂通的。未应不是先,已应不是后"(《传习录下》,《全集》卷三,第122页),"良知之妙,真是周流六虚,变通不居"(《传习录拾遗》,《全集》卷三十二,第1182页)。此中没有现成的存在,没有绝对的对待,"未发在已发之中,而已发之中未尝别有未发者在;已发在未发之中,而未发之中未尝别有已发者存;是未尝无动静,而不可以动静分者也","动静者所遇之时,心之本体固无分于动静也"。所以阳明强调要"知几",要"遇时",要"触机感应",要"灵明照觉",如此方能领悟"发而中节之和,感而遂通之妙"。要言之,"感触神应,有不言而喻之妙。此圣人之学所以至易至简,易知易从,学易能而才易成者,正以大端惟在复心体之同然,而知识技能非所与论也"(《传习录中》,《全集》卷二,第64、65、55页)。

天机动处

审美体验正是一种"知识技能非所能与论"的灵明直觉,审美体验须摆脱"理障",消解知性思维将本体当作既成对象把捉的误见;审美体验也须超越"相缚",跳出日常意识将事物只作实用之框架的锢识,而在无现成的境域中透悟宇宙真几,让事物自相纯现象地、就其自性真如地呈现。

"天机动处即生意,世事到头还俗尘。"(《送德观归省二首》,《全集》卷二十,第731页)现象本身就是美的,只是世间的成见和私欲使它罩上了俗尘,于是需要通过直觉领悟"去蔽",让现象之美直观呈现。

这是一种默识:

> 物理既可玩,化机还默识。(《观稼》,《全集》卷十九,第696页)

> 闲来心地如空水,静后天机见隐微。(《秋夜》,《全集》卷二十,第787页)

这是一种会意:

纵言及微奥，会意忘其辞。(《梦与抑之昆季语湛崔皆在焉觉而有感因记以诗三首》,《全集》卷十九，第682页)

灯窗玩古《易》，欣然获我情。(《杂诗三首》,《全集》卷十九，第686页)

这是一种领悟：

至道不外得，一悟失群暗。(《别易仲》,《全集》卷二十，第727页)

谩道六经皆注脚，还谁一语悟真机？(《送刘伯光》,《全集》卷二十，第742页)

悟后六经无一字，静余孤月湛虚明。(《送蔡希颜三首》,《全集》卷二十，第732页)

这是一种自得：

诗妙尽从言外得，《易》微谁见画前真？(《寄潘南山》,《全集》卷二十，第743页)

论诗自许窥三昧，入圣无梯出小乘。(《山僧》,《全集》卷二十，第764页)

这是一种超越：

险夷原不滞胸中，何异浮云过太空。夜静海涛三万里，月明飞锡下天风。(《泛海》,《全集》卷十九，第684页)

这是一种灵明照觉：

忽然夜半一言觉，又动人间万古吟。玉树有花难结果，天机无线可通针。(《栖云楼坐雪二首》,《全集》卷二十，734页)

因此，它必然伴随着情感的愉悦，或因个体在悠闲的静观中体悟了宇宙万物的生机而自得，或因自我在瞬间的醒悟中获得了对人生真谛的把握而狂喜,或因本心在一念的透显中化入了与天地万物浑然一体的境界而忘形。"鸣鸟游丝俱自得,闲云流水亦何心?从前却恨牵文句,展转支离叹陆沉!"这不正是因个体在悠闲的静观中体悟了宇宙万物的生机而自得?"肯信良知原不昧,从他外物岂能撄!老夫今夜狂歌发,化作钧天满太清。"(《月夜二首》,《全集》卷二十,第787页)这不正是一种因自我在瞬间的领悟中获得了对人生真谛的把握而狂喜?"一雨秋凉入夜新,池边孤月倍精神。潜鱼水底传心诀,栖鸟枝头说道真。莫谓天机非嗜欲,须知万物是吾身。无端礼乐纷纷议,谁与青天扫宿尘?"(《碧霞池夜坐》,《全集》卷二十,第786页)这不正是一种因本心在一念的透显中化入了与天地万物浑然一体的境界而忘形?

鸢飞鱼跃

阳明心学的美学智慧,是一种活泼泼的悟性,天机隐微、万物生态,在一念灵觉中如如地呈现。却看阳明《次栾子仁韵送别四首》(《全集》,第744页),正是其审美直观意识的生动写照:

> 从来尼父欲无言,须信无言已跃然。悟到鸢鱼飞跃处,工夫原不在陈编。
>
> 操持存养本非禅,矫枉宁知已过偏。此去好从根脚起,竿头百尺未须前。
>
> 野夫非不爱吟诗,才欲吟诗即乱思。未会性情涵咏地,《二南》还合是淫辞。
>
> 道听途传影响前,可怜绝学遂多年。正须闭口林间坐,莫道青山不解言。

中国哲学和美学就其本质意义而言是一种人生哲学或美学,其基本宗旨是以情感体验为中介,使人超越个体和尘世的局限进入与天地万物相通的自由的精神境界。阳明心学美学的基本宗旨也就在于追求这种天人一体、物我无间、"无入而不自得"、人类精神和宇宙精神高度融合的自由的精神境界。

阳明心学美学的"心上工夫"——直觉体认,从审美体验的方式看包含着"觉"和"体"两方面的内容。"觉"着重在于强调对

"良知"这种生命本体或"真乐"之感悟和把握，具有极大的情感性、当下性和直觉性。在人与世界的意向性沟通之中，"觉"起着极其重要的建构作用。因此他说："人若知这良知诀窍，随他多少邪思枉念，这里一觉，都自消融。真个是灵丹一粒，点铁成金。"(《传习录下》，《全集》卷三，第93页)在"觉"的这一时刻，自然与社会伦理融合了，人与世界万物为一体了，"上下与天地同流"，世界的存在意义向"我"生成了，自我在瞬间的领悟中获得了对人生真谛的把握。如果"觉"着重于瞬间地体验人生、感悟真乐的"顿悟"式的审美体验方式的话，那么"体"就更多地关注于渐进性的细细品尝人生滋味的过程性的审美体验方式。① 在王阳明看来，本心良知的呈现，世界意义的向人敞开，既表现为当下性的、瞬间性的直觉或顿悟，同时也更现实地呈现为人们在日常生活中对社会历史人生的体认或磨炼，这就必然地将审美工夫论引向了事上磨炼，随事尽道的"行动美学"。

---

① 邹其昌：《王阳明的良知体验审美论》，《中南民族学院学报（哲学社会科学版）》1998年第2期。

第八章 事上工夫——随事尽道的行动美学

坐起咏歌俱实学，毫厘须遣认教真。(《春日花间偶集示门生》，《全集》卷十九，第713页)

知之真切笃实处即是行，行之明觉精察处即是知。(《传习录中》，《全集》卷二，第42页)

心上工夫侧重缘机体认、直觉顿悟，事上工夫则强调事上磨炼、随事尽道。"致良知"的"致"，既是"推致"，也是"落实"，是实地用功、必有事焉的"真切工夫"。"致良知"的"知行合一"必然落实于道德人生的事上工夫，这突出了身心践履在道德品性现实化过程中的重要意义。从美学的角度讲，"知行合一"，随事尽道意味着美学不能仅仅是一种"口舌观听"之学，而应是一种"身心践履"之学，这就把思辨美学或观赏美学引向了"行动美学"，并突出地强化了美学的美育功能，甚或可以说，美学即美育。

知行合一

值得注意的是，虽然阳明在"致良知"的方法论上提出了"心上工夫"和"事上工夫"，其实，这两种工夫在本体上是合一的："功夫不离本体，本体原无内外。只为后来做功夫的分了内外，失其本体了。如今正要讲明功夫不要有内外，乃是本体工夫。"(《传习录下》，《全集》卷三，第92页)他认为："区区格、致、诚、正之说，是就学者本心日用事为间，体究践履，实地用功，是多少次第、多少积累在，正与空虚顿悟之说相反。"(《传习录中》，《全集》卷二，第41页)因此，他虽然也主张直觉顿悟，却又反对"空虚顿悟"，反对极端化的心上工夫即"光景工夫"，强调"顿悟"与"践履"的内在合一，提倡"体究践履，实地用功"的"真切工夫"，这就使他又超越佛老而返回了儒家的立场。

在他看来，良知须通过缘机体认、直觉顿悟，使其在本心澄明；更须通过须"体究践履，实地用功"，使其在现实中的落实，因此"致良知便是必有事的工夫"，"人须在事上磨炼做功夫，乃有益"，"若离了事物为学，却是着空"。(《传习录下》，《全集》卷三，第123、92、95页) 钱明先生指出了这样一个事实，阳明在《传习录》上卷比较强调"心上工夫"，而在《传习录》下卷却转而重视"事上工夫"。① 确实，就其思想发展的历程，阳明在思想成熟期已不主张悬空地去"默坐澄心"，而是专提"致良知"和"知行合一"。

知行内涵

事上工夫即行的工夫，这就涉及"知行"关系。"知行"范畴，由来已久，最早出现于《尚书·说命中》："非知之艰，行之惟艰。"春秋时郑国大夫子产也提出"知易行难"，把"知行"对举起来考察。此后"知行"一直是儒家哲学的重要范畴，在宋明理学的范畴体系中，知行关系成为沟通天人，实现"天人合一"的中介。在知行关系上，阳明心学以"知行合一"说突破了朱子理学的先知后行观。朱熹的知行观虽强调"知行相须互发"，但由于他"以认识之路讲道德"，因此仍不免有析知行为二的倾向，他的后学更有知而不行之弊。阳明不满于宋儒析知行为二的支离工夫，直接提出"知行合一"，以此作为"致良知"的"真切工夫"或"本体工夫"。

阳明的"知行合一"说归结起来有这么几个要点：1."真知即所以为行，不行不足谓之知"（《传习录中》，《全集》卷二，第42页）；2."知是行之始，行是知之成"（《传习录上》，《全集》卷一，第4页）；3."知是行的主意，行是知的功夫"（《传习录上》，《全集》卷一，第4页）；4."知之真切笃实处即是行，行之明觉精察处即是知"（《传习录中》，《全集》卷二，第42页）。

按王阳明的了解，真正的"知"总是包含着运用于"行"的向度，并且只有在付诸实行时才具有现实性。在此意义上，"行"不仅是达到（理解）"知"的中介，而且构成了"知"的具体存在方式。"知"应当落实于"行"，唯有付诸"行"方是"真知"。"行"要以"知"来规范，"知"则需通过"行"而获得自我实现。"行"在其展开中已包含了"知"的规定，"知"的存在则已蕴含了走向"行"的要求。因此"知行如何分得开？此便是知行的本体"（《传习录上》，《全集》卷一，第4页）。

---

① 参见钱明：《阳明学的形成与发展》，第125—126页。

行的意义

对于"行"的理解，阳明主要是强调"凡谓之行者，只是着实去做这件事"（《答友人问》，《全集》卷六，第208页），但又有这样的说法："我今说个知行合一，正要人晓得一念发动处，便即是行了。"（《传习录下》，《全集》卷三，第96页）所谓一念动处即是行，似乎是在抹杀心理行为与物理行为的界限，模糊了行为的动机与行本身的区分；但这种观念有其道德涵养上的考虑，即从根本上杜绝观念层面的不良动机："发动处有不善，就将这不善的念克倒了，须要彻根彻底，不使那一念不善潜伏在胸中。"（《传习录下》，《全集》卷三，第96页）"只闻那个恶臭时已自恶了，不是闻了后别立个心去恶。"同时，也是从端倪处肯定与落实善的意念："只见那好色时已自好了，不是见了后又立个心去好。"（《传习录上》，《全集》卷一，第4页）

这种观念在心理学和行为哲学上也有着某种依据。行为主义哲学的特点是将内在的精神、意识现象还原为主体的外部行为。赖尔在其著名的《心的概念》一书中就致力于将意识现象与精神现象还原为人的行为："当我们用'精明的''谨慎的''粗心的'这些智力形容词来形容一个人时，并不是指他是否认识这个或那个真理，而是指出他能否做某类事情。"[1] 在这里，知与能是内在地合一的。维特根斯坦也说过："人的身体是人的心灵最好的图画。"[2] 杜威更认为："知（knowing）就是做（doing）"[3]，"经验首先不是知识，而是动作和遭受的方式"[4]。这些观念可以为我们理解阳明"销行入知"的意识提供某种参照。

行动美学

阳明"知行合一"说强调"知"与"行"作为一种工夫在其本体上的合一，它在伦理哲学上的基本含义是指道德实践中内在自觉与外在推致的同时性和不可分割性，强调意向的道德性必须通过实

---

[1] 吉尔伯特·赖尔：《心的概念》，刘建荣译，上海译文出版社1988年版，第23页。
[2] 维特根斯坦：《哲学研究》，汤潮、范光棣译，生活·读书·新知三联书店1992年版，第248页。
[3] 杜威：《实验逻辑论文集》，芝加哥大学出版社1916年版，第331页。
[4] 杜威：《哲学复兴的必要》，《创造性智慧：实用主义态度论文集》，亨利霍特公司出版社1917年版，第7页。

践把自己真正实现为现实道德性；在美学上则可以逻辑地延伸出审美实践中内在的审美自觉与外在的审美行为的同时性和不可分割性，强调审美的意向性可以而且必须通过实践化为自己现实的审美品格，并呈现为美的人生风范和人格境界。因此，"知行合一"所强调的事上工夫，使阳明心学美学内在地导向了"行动美学"。

按笔者的体认，他的"行动美学"包含两个方面：一是着重于个体自身"事上磨炼"的审美实践，旨在使个体在"知行合一""身心合一"的审美践履过程中完成自身道德审美人格的建构，可以称之为"以审美实践成己成圣"；二是着重于对他人和群体"随事尽道"的审美教育，旨在使他人和群体在"随事尽道"的审美教育过程中完成社会道德审美规范的建构，以及社会理想人格境界的化育，可以称之为"以审美化育成人成物"。

事上磨炼

从"知行合一"的角度来看，美即存在或呈现于经由"知行合一"化潜在德性为现实德行过程中。美既不是一种所谓"格物致知""读书穷理"的智力活动的结果，也不是自然与社会客观事物的一种固有的价值，而是人的"良知""发用流行"在德行过程中主客观交互作用的结果。审美的功能就不在于仅仅满足人的感官享受或认知欲求，而在于通过"事上磨炼"的审美实践完成人格美的修养，使其"良知"的价值潜能在审美实践的"知行合一"过程中充分地体现。朱熹曾在解释孟子"充实之谓美"时这样说过："充实之谓美，是就行上说。事事都行得尽，充满积实，美在其中而无待于外。"① "美在行上说"，这个命题用来表达阳明心学美学"事上工夫"理论倒十分贴切。

身心之学

阳明曾将学分为"口耳"之学和"身心"之学，并得出"未有学而不行"和"不行不可以言学"的结论：

---

① 黎靖德编：《朱子语类》卷六十一，王星贤点校，第1467页。

> 然世之讲学者有二：有讲之以身心者，有讲之以口耳者。讲之以口耳，揣摸测度，求之影响者也；讲之以身心，行著习察，实有诸己者也。（《传习录中》，《全集》卷二，第75页）
>
> 夫学、问、思、辨、行，皆所以为学，未有学而不行者也。如言学孝，则必服劳奉养，躬行孝道，然后谓之学，岂徒悬空口耳讲说，而遂可以谓之学孝乎？学射则必张弓挟矢，引满中的；学书则必伸纸执笔，操觚染翰；尽天下之学无有不行而可以言学者，则学之始固已即是行矣。（《传习录中》，《全集》卷二，第45页）

从内涵上看，所谓"身心"之学包含着相互联系的两个方面：其一，与入乎耳出乎口不同，它以自我的践履为自悟的前提，将心体之悟，理解为实践过程中的体认（表现为"体"与"履"的统一）；其二，化行善的意向为道德实践，通过身体力行，使道德认识融合于个体的存在，从而扬弃其抽象性。王阳明将身心之学与"行著习察"结合起来，无疑注意到了道德认识内含的实践趋向。

就道德规范的体认而言，在口耳的听说互动作用过程中，主体固然也可以对所说的规范有所了解，但这种了解往往停留在抽象的语义层面，而难以真正达到其具体性和丰富性。与之相对，身心之学则以生活实践（行著习察）为其形式，它要求在身体力行的实践过程中，把握和领悟道德规、概念的具体含义，或者说，以主体自身的实践为本源，深化对道德规范、概念的理解。[①]

因此，身心之学方是真学，唯有"体究践履，实地用功"，方能切实体认学之真义，并在身心践履中使之化为自我的现实品性。作为一种真实的境界，与道合一并不仅仅表现为精神上的受用，它要求通过身体的力行而展现于外。正是在此意义上，王阳明一再强调"人须在事上磨炼做功夫，乃有益"（《传习录下》，《全集》卷三，第92页）。所谓知行合一，同时也意味着内在的境界与外在的践行之统一。

总之，主体与道的关系，既非体现为思辨的论析，也非停留于消极的沉默和单纯的精神受用。化道为境界化与境界外化为践行是

[①] 参见杨国荣：《伦理与存在：道德哲学研究》，上海人民出版社2002年版，第194—223页。

一个统一的过程,而这一过程又始终以成圣为其终极的目标。① 在阳明看来,唯有通过切实地践履过程,主体对良知才能获得认同感和亲切感,并使之化为自觉的理性认识。因此,学与行必然内在地合一。

好色恶臭

在美学上也应如此。阳明心学美学不是口耳观听之学,而是身心践履之学。朱熹曾提出过"观于外者虽足以识其崇高巨丽之为美,孰若入于其中能使真为我有"②,主张"君子之学,以诚其身,非直为观听之美而已",认为"古之君子以是行之其身,而推之以教其子弟,莫不由此。此其风俗所以淳厚,而德业所以崇高也"③。在强调审美的身心践履品格、美学的伦理化育功能这一点上,阳明心学美学与朱熹理学美学是一脉相承的,只是阳明更在"知行合一"观念的基础上,强调了审美感知与审美行为的内在统一。

按阳明的观念,审美实践也有个"真知行":

> 故《大学》指个真知行与人看,说"如好好色,如恶恶臭"。见好色属知,好好色属行,只见那好色时,已自好了,不是见了后又立个心去好;闻恶臭属知,恶恶臭属行,只闻那恶臭时已自恶了,不是闻了后别立个心去恶。如鼻塞人虽见恶臭在前,鼻中不曾闻得,便亦不甚恶,亦只是不曾知臭。就如称某人知孝、某人知弟,必是其人已曾行孝行弟,方可称他知孝知弟,不成只是晓得说些孝弟的话,便可称为知孝弟。又如知痛,必已自痛了方知痛;知寒,必已自寒了;知饥,必已自饥了;知行如何分得开?此便是知行的本体。(《传习录上》,《全集》卷一,第4页)

诚然,这里并不是在谈纯粹的美学问题(在中国古代思想家的

---

① 参见杨国荣:《心学之思:王阳明哲学的阐释》,第14页。
② 朱熹:《答林正夫》,《晦庵先生朱文公文集》卷三十八,朱杰人、严佐之、刘永翔主编:《朱子全书》(第21册),第1719页。
③ 朱熹:《补试榜谕》,《晦庵先生朱文公文集》卷七十四,朱杰人、严佐之、刘永翔主编:《朱子全书》(第24册),第3568页。

视域里,何曾有"纯粹"的美学?),而是借日常心理情感的知与行与来比喻道德情感的知与行的问题,然而已涉及了日常心理和道德领域的审美问题。"好色"与"恶臭"固然已属于美学问题,"孝"和"弟"则是伦理美的体现。

在他看来,就日常感官美而言,"好色"属于美,见"好色"属于知美,"好好色"则已属于行美了。一旦真好,就会去真行,真真切切地去体会这种美,实践或实现这种美,使之"内入真有"。德行之美也是如此,一旦你真知了,就会去真行,将内在的德性之善化为现实的德行之美,这就是"诚意":

> 夫不辞险阻艰难,决意向前,此正是诚意之意。审如是,则其所以问道途,具资斧,戒舟车,皆有不容已者。不然,又安在其为决意向前,而亦安所前乎?夫不识大都所在而泛焉欲往,则亦欲往而已,未尝真往也。惟其欲往而未尝真往,是以道途之不问,资斧之不具,舟车之不戒。若决意向前,则真往矣。真往者能如是乎?此最工夫切要者。(《答王天宇二》,《全集》卷四,第164页)

因此,阳明一再强调学要"为己":"学者须先有笃实为己之心,然后可以论学。不然,则纷纭口耳讲说,徒足以为为人之资而已。"在人文艺术领域,"凡论古人得失,莫非为己之学,诵其诗,读其书,不知其人可乎?……凡作文,惟务道其心中之实,达意而止,不必过求雕刻,所谓修辞立诚者也"(《与汪节夫书》,《全集》卷二十七,第1001页)。

行著习察

也正是基于此,阳明认为"志于道、据于德、依于仁、游于艺",无非是在"事上磨炼"中"随事尽道"以实现道德人格的完善:

> 譬如做此屋,志于道是念念要去择地鸠材,经营成个区宅。据德却是经画已成,有可据矣。依仁却是常常住在区宅内,更不离去。游艺却是加些画采,美此区宅。艺者,义也,理之所宜者也,如诵诗、读书、弹琴、习射之类,皆所以调习此心,

使之熟于道也。苟不志道而游艺，却如无状小子；不先去置造区宅，只管要去买画挂做门面，不知将挂在何处？（《传习录下》，《全集》卷三，第100页）

诵诗、读书、弹琴、习射，是为了调习此心，游于艺，是为了志于道，如此种种，均不是耳目观听之学，而是身心践履之学，其基本的旨归是通过日常生活"行著习察"中的审美实践，以完成道德人格的构建。阳明说：

> 吾始学书，对模古帖，止得字形。后举笔不轻落纸，凝思静虑，拟形于心，久之始通其法。……古人随时随事只在心上学，此心精明，字好亦在其中矣。（《年谱一》，《全集》卷三十三，第1222页）

> 君子之于射也，内志正，外体直，持弓矢审固，而后可以言中。故古者射以观德。德也者，得之于其心也。君子之学，求以得之于其心，故君子之于射以存其心也。是故慄于其心者其动妄；荡于其心者其视浮；歉于其心者其气馁；忽于其心者其貌惰；傲于其心者其色矜；五者，心之不存也。不存也者，不学也。君子之学于射，以存其心也。是故心端则体正；心敬则容肃；心平则气舒；心专则视审；心通故时而理；心纯故让而恪；心宏故胜而不张，负而不弛；七者备而君子之德成。君子无所不用其学也，于射见之矣。（《观德亭记》，《全集》卷七，第246页）

这是讲人们可以通过学书、习射，体悟、磨炼自己的道德品性。学书自能给人以审美的感受，而这种审美感受，阳明又将其引向了德行之美的落实，因此还须在心上学，使此心的精明在学字的磨炼过程中得到落实。习射更是一种身心的磨炼，"持弓矢审固，而后可以言中"，因此射者须在习射过程中去"慄心""荡心""歉心""忽心""傲心"，存"端心""敬心""平心""专心""通心""纯心""宏心"，实地磨炼，方能射而中的，习而中德，人性品德在具有审美实践性质的习射磨炼中获得落实。

审美实践的这种"事上磨炼"，不仅体现在"诵诗、读书、弹琴、习射之类"，而且落实于日常生活行为过程之中，例如："居丧亦学也……喜怒哀乐，发皆中节之谓和。哀亦有和焉，发于至诚，而无所乖戾之谓也。夫过情，非和也；动气，非和也；有意必于其间，非和也。孺子终日啼而不嗌，和之至也。"（《与许台仲书》，《全集》卷二十七，第1012页）世事人伦情感之美，在于"发而中节""各得其分"，喜怒哀乐发而中节谓之和，和则有美，所以居丧过程中也可以体认这种人伦情感之美。事上磨炼，竟可以如此之入微，吾心良知之美，何处而不可呈现？

阳明经常带学生登游于山水之间，让学生在登山游水的过程中磨炼身心，陶冶性情。"坐起咏歌俱实学，毫厘须遣认教真。"（《春日花间偶集示门生》，《全集》卷十九，第713页）"夜弄溪上月，晓陟林间丘。……讲习有真乐，谈笑无俗流。缅怀风沂兴，千载相为谋。"（《诸生夜坐》，《全集》卷十九，第699页）山水自然审美，不仅仅是满足于地秀天籁之观听感受，而是融入身心的人格陶冶，以致使他"只把山游作课程"（《龙蟠山中用韵》，《全集》卷二十，第728页）。

人性之美在于自得之心灵体验，山水之间可以自得，举业科场又何曾不能自得？阳明正是这样告诫他最钟爱的学生、妹婿徐爱的：

> 入场之日，切勿以得失横在胸中，令人气馁志分，非徒无益，而又害之。场中作文，先须大开心目，见得题意大概了了，即放胆下笔；纵昧出处，词气亦条畅。……将进场十日前，便须练习调养。……务须绝饮食，薄滋味，则气自清；寡思虑，屏嗜欲，则精自明；定心气，少眠睡，则神自澄。君子未有不如此而能致力于学问者，兹特以科场一事而言之耳。……进场前两日，即不得翻阅书史，杂乱心目；每日止可看文字一篇以自娱。若心劳气耗，莫如勿看，务在怡神适趣。忽充然滚滚，若有所得，勿便气轻意满，益加含蓄酝酿，若江河之浸，泓衍泛滥，骤然决之，一泻千里矣。每日闲坐时，众方嚣然，我独渊默；中心融融，自有真乐，盖出乎尘垢之外而与造物者游。非吾子概尝闻之，宜未足以与此也。"（《示徐曰仁应试》，《全集》卷二十四，第911页）

阳明在文中特别强调:"君子未有不如此而能致力于学问者,兹特以科场一事而言之耳。"在举业科场这种似乎是与审美体验相隔最远的境地,阳明都能让人随处磨炼,"怡神适趣",并从中体验"中心融融,自有真乐"的生活境界,这种境界难道不是正与审美体验相通?

随事尽道

笔者曾强调,与其把中华传统人文精神的特征归结为道德的或艺术的,不如把它归结为美育的。美育以道德人生为旨归,以艺术情感为途径,正是两者的内在融合;这也符合阳明心学美学的基本用心和总体特征。阳明的"行动美学"指向,其内涵正是突出艺术和美学的美育功能,甚至将美学等同于美育。

阳明的行动美学作为美育,向内表现在个体审美实践的"事上磨炼"过程中成就人格,也即"成己成圣";向外则表现在社会审美教育的"随事尽道"过程中移风化俗,也即"成人成物"。如果说"事上磨炼"的审美实践主要是以个体的、内在的、身心俱用的体认践履形式造就个体人格和审美境界的话,那么,"随事尽道"的审美教育则以社会的、外在的、主体相互间的潜移默化形式化育社会风俗和审美境界。

习与化移

阳明十分重视通过审美教育来移风化俗,反复强调"习与化移"(《送李柳州序》,《全集》卷二十九,第1051页),在其为政的实践中也每到一处,即"劳农劝学,以兴教化"(《两浙观风诗序》,《全集》卷二十二,第839页),以此作为在社会中现实地"致良知"的重要工夫。在《兴国胡孟登生像记》中,阳明这样描述这位贤士移风化俗的善行:"岁丰时和,民谣以歌。乃筑泮宫,教以礼让。弦诵《诗》《书》,溢于里巷。庶民谆谆,庶士彬彬。"(《全集》卷二十三,第887页)其实,他自己正是经常这样做的。在他看来,习俗移人,如油渍面一样,在潜移默化中具有强调的感染力,因此,"致良知"的工夫或形式,也因针对性地使之拥有情感移人的审美品格,艺术活动及其审美体验正是"致良知"的重要和必要的途径和形式。

作为本体和境界，阳明的良知从来不是如康德所谓由"先验理性"或抽象的绝对的"道德律令"决定的意志自觉，而是融合在具体的人伦情境之中，由具体细微的"语默动静"来实践与体验的人生规范及其明觉；它的最高境界不是进入对绝对理性的认同或自律，而是通过情感化的中介，化外在社会的规范为内在的个体的自觉与满足，达到人生境界的高度自由与自觉，终至"浑然与万物一体"。"善"必须以"乐"为内在体验，"乐是心之本体"，"悦则本体渐复矣"，这种本体境界也只有通过"乐"的工夫来达到。因此，他十分重视歌诗、戏曲、礼乐等艺术和生活的审美形式在移风化俗方面的特殊功能，阳明这样认为：

> 圣人一生实事，俱播在乐中。所以有德者闻之，便知他尽善尽美，与尽美未尽善处。若后世作乐，只是做些词调，于民俗风化绝无关涉，何以化民善俗？今要民俗反朴还淳，取今之戏子，将妖淫词调俱去了，只取忠臣孝子故事，使愚俗百姓人人易晓，无意中感激他良知起来，却于风化有益。(《传习录下》，《全集》卷三，第113页)

> 圣人之制礼乐，非直为观美而已也；固将因人情以为之节文，而因以移风易俗也。夫礼乐之说，亦多端矣，而其大意，不过因人情以为之节文，是以礼乐之制，虽有古今之异，而礼乐之情，则无古今之殊。……天下之患，莫大于风俗之颓靡而不觉。……古之善治天下者，未尝不以风俗为首务……诚以天下风俗之所关，而将以作兴其笃厚忠贞之气也。故周之富强不如秦，广大不如汉，而延世至于八百年者，岂非风俗之美致然欤！(《附山东乡试录》，《全集》卷二十二，第859、866页)

圣人制作礼乐，不是仅仅为了让人欣赏观听之美，而是根据人性情感的特点，提供易于为人接受的形式来移风易俗。道德规范如以抽象枯燥的形式来表达，不易为百姓平民接受，而将圣贤德行编为故事，播在乐中，使愚俗百姓人人易晓，在无意中不知不觉发起人本在的良知，这不正是以艺术和审美的手段易风化俗？这不正是"随事尽道"的审美教育？

风俗之美，得之于审美化育，化育的基础正在于人性中本在的情感与德性相通的文化心理结构。孔子早已提出"知之者不如好之者，好之者不如乐之者"（《论语·雍也》）的原理，强调了德性教育中自觉原则与自愿原则的统一，也就是德育原则与美育原则的统一。朱熹也十分注重乐在审美教育中的功能，认为天人相隔的渣滓，"闻乐则可以融化了"①，"于乐处便是诚实为善"②，能"使其欢欣鼓舞，趋事赴功，不能自已"③。然而在朱熹那儿，乐的价值主要是功能性的，到了阳明这儿，乐的意义就直接是本体性的了。朱熹的审美教育还强调学、养、践、化的结合，到阳明这儿，学即是践，也即是养，也即是乐。弟子王艮就这样归结"学"与"乐"的关系："乐是乐此学，学是学此乐；不乐不是学，不学不是乐；乐便然后学，学便然后乐。乐是学，学是乐。"④ 学与乐本身就是"知行合一"的过程。这就进一步促进了审美教育理论的自觉，极大地强化了艺术和美学在"知行合一"的实践中"随事尽道"的美育功能。

心与乐成

阳明有关审美教育的理论，最集中地体现在《训蒙大意示教读刘伯颂等》（《全集》卷二，第87—88页）一文中，该文可谓是阳明审美教育纲领性的文献。该文所言审美教育，虽然针对的是儿童，但在人性化育中具有普遍的意义。按阳明自己的话说，"凡吾所以教，其意实在于此"。因此笔者把它看作是阳明审美教育思想纲领性的文献。阳明在文末"特叮咛以告。尔诸教读，其务体吾意，永以为训；毋辄因时俗之言，改废其绳墨，庶成蒙以养正之功矣。念之念之！"也表现了他对该文的极其重视。文中有关审美教育的原理，主要表现在以下几点：

---

① 黎靖德编：《朱子语类》卷三十五，王星贤点校，第933页。
② 黎靖德编：《朱子语类》卷二十四，王星贤点校，第571—572页。
③ 朱熹：《杂著》，《晦庵先生朱文公文集》卷六十五，朱杰人、严佐之、刘永翔主编：《朱子全书》（第23册），第3177页。
④ 黄宗羲：《泰州学案一》，《明儒学案》卷三十二，沈芝盈点校，第718页。

审美教育的人性基础：

　　大抵童子之情，乐嬉游而惮拘检，如草木之始萌芽，舒畅之则条达，摧挠之则衰痿。今教童子，必使其趋向鼓舞，中心喜悦，则其进自不能已。譬之时雨春风，沾被卉木，莫不萌动发越，自然日长月化；若冰霜剥落，则生意萧索，日就枯槁矣。

审美教育的目的与功能：

　　古之教者，教以人伦。后世记诵词章之习起，而先王之教亡。今教童子，惟当以孝弟忠信礼义廉耻为专务。其栽培涵养之方，则宜诱之歌诗以发其志意，导之习礼以肃其威仪，讽之读书以开其知觉。今人往往以歌诗习礼为不切时务，此皆末俗庸鄙之见，乌足以知古人立教之意哉！

　　凡此皆所以顺导其志意，调理其性情，潜消其鄙吝，默化其粗顽，日使之渐于礼义而不苦其难，入于中和而不知其故。是盖先王立教之微意也。

审美教育的身心践履特征：

　　故凡诱之歌诗者，非但发其志意而已，亦以泄其跳号呼啸于咏歌，宣其幽抑结滞于音节也；导之习礼者，非但肃其威仪而已，亦所以周旋揖让而动荡其血脉，拜起屈伸而固束其筋骸也；讽之读书者，非但开其知觉而已，亦所以沉潜反复而存其心，抑扬讽诵以宣其志也。

审美教育所针对的时弊：

　　若近世之训蒙稚者，日惟督以句读课仿，责其检束，而不知导之以礼；求其聪明，而不知养之以善；鞭挞绳缚，若待拘囚。彼视学舍如图狱而不肯入，视师长如寇仇而不欲见，窥避掩覆以遂其嬉游，设诈饰诡以肆其顽鄙，偷薄庸劣，日趋下流。是盖驱之于恶而求其为善也，何可得乎？

通观全篇，无须再作阐释已经说得明明白白。这是阳明顺人情之本，知行合一，随时尽道的"致良知"工夫在审美教育领域的生动体现。人情喜乐，不光儿童如此，凡人莫非如此。审美教育的功能就在于以人情乐于接受的艺术和审美形式，导志意之正，调性情之和，消习气之鄙，"使之渐于礼义而不苦其难，入于中和而不知其故"。"歌诗""习礼""读书"就是审美教育的三种基本方式。这些方式的特点就是"知行合一"，通过全身心的践履，在审美实践中化育身心，造就人格，随事尽道。流行教育的通病在于违背了人情自然本性，也即背离了良知真正恻怛、本然呈露之原则。这种通病，我们不是在当今的教育体制中还屡见不鲜吗？

基于"知行合一""随事尽道"的立场，阳明不仅提出了《训蒙大意》，而且辅之以可在实践中落实的《教约》（《全集》卷二，第88—89页）。内容如下：

> 每日清晨，诸生参揖毕，教读以次。遍询诸生：在家所以爱亲敬长之心，得无懈忽，未能真切否？温清定省之仪，得无亏缺，未能实践否？往来街衢，步趋礼节，得无放荡，未能谨饰否？一应言行心术，得无欺妄非僻，未能忠信笃敬否？诸童子务要各以实对，有则改之，无则加勉。教读复随时就事，曲加诲谕开发。
>
> 凡歌诗，须要整容定气，清朗其声音，均审其节调；毋躁而急，毋荡而嚣，毋馁而慑。久则精神宣畅，心气和平矣。
>
> 凡习礼，须要澄心肃虑，审其仪节，度其容止；毋忽而惰，毋沮而怍，毋径而野；从容而不失之迂缓，修谨而不失之拘局。久则体貌习熟，德性坚定矣。
>
> 凡授书不在徒多，但贵精熟。量其资禀，能二百字者，止可授以一百字。常使精神力量有余，则无厌苦之患，而有自得之美。讽诵之际，务令专心一志，口诵心惟，字字句句绸绎反覆，抑扬其音节，宽虚其心意。久则义礼浃洽，聪明日开矣。

以至如何分班，何时合练，一一规定，具体而微，真可谓时时处处，随事尽道。

对于儿童的审美教育，《训蒙大意》是在原理上揭旨，《教约》

是在实行处示教，前者指明为什么要这样去做，后者落实应该怎样去做，"知行合一"的精神在阳明审美教育理论自身结构中也得到了充分的体现。"歌诗"之所以能使学生"精神宣畅，心气和平"，"习礼"之所以能使学生"体貌习熟，德性坚定"，"读书"之所以能使学生"义礼浃洽，聪明日开"，除了这些审美教育的方式符合使学生"无厌苦之患，而有自得之美"的心理原则，还在于有一套切实可行的方法。阳明的审美教育理论一定是在切实可行的工夫上落实，这就是"随事尽道"。

概言之，阳明心学美学以本心"良知"为本体，以身心的体认和践履为"致良知"的工夫。美即本心良知以物为体在时机化境域中的呈现，审美即自由自得地体验、体认、呈露、落实良知境界的过程。在阳明心学美学的逻辑体系中，美既是本体的呈现，又是境界的圆成，审美即是体认本体和澄明境界的过程。境界是一个相对于人而言的可能的、理想的世界，它根于本然，升华于应然，是本然和应然的内在合一。体认良知是回归于良知之本然，呈现良知是落实于良知之应然，一切都圆成于人生之境。人生的理想之境必然与审美之境相通，或者说必然在审美境界得到超越和圆成。阳明心学美学本体论是为人生理想境界的可能提供本体的依据，而他的审美工夫论则是为人生理想境界的实现提供现实的途径，最终指向的是人生理想境界的落实和圆成。因此，人生境界论就成为阳明心学美学的最终的关切。

第九章 自得境界——洒落超越的人生境界

> 古之有道之士，外槁而中泽，处嗌而心广；累释而无所挠其精，机忘而无所忤于俗。是故其色愉愉，其居于于；其所遭若清风之披物，而莫知其所从往也。(《寿汤云谷序》，《全集》卷二十二，第878页）

阳明心学不是实体论哲学，而是境界形态的哲学。阳明心学美学也不是实体论美学，而是境界论美学。境界必然与人的心灵相关，是精神状态或心灵的存在方式，是心灵"存在"经过自我提升所达到的一种境地和界域。

在阳明心学，境界即本心良知在现实人生中的呈现。良知在不同的境域、不同的层次中呈现为不同的境界，就其主要可归结为三种境界，即诚境、仁境、乐境：诚为意义世界的实诚存在，体现为真的境界；仁为道德世界的是非明觉，体现为善的境界；乐为审美世界的超越自得，体现为美的境界。这三种境界并不是并列的组合，而是有机有序、三位一体的融合。诚境为基础，意义世界、道德世界、审美世界莫非是个实诚的境域，以意义世界为存在之基础；仁境为核心，意义世界、审美世界均以道德人生的明觉为用心；乐境是理想，意义世界、道德世界的最高体验是无入而不自得的乐境。意义世界、道德世界向审美境界的转化就在于本心良知的超越自得体验。

从宋明理学十分关注的"有无之境"上说，"诚境"可以说是"有我之境"，我通过思诚而掌握了真理，并表出我的自觉自信；"仁境"可以说是"无我之境"，我通过克己而消解了小我，使自己融入一体之仁；"乐境"可以说是对"有我之境"与"无我之境"差别的化解，进入有无不即不离、物我不滞不碍的更为自由自得的超越之境。

实诚之境

就字义讲，"诚"是真实无伪、真实无妄的意思。孟子正式提出"诚"的哲学："诚者，天之道也；思诚者，人之道也。"(《孟子·离娄上》）"思诚"也即"反身而诚"，即通过自我反思、体认，达到与天道合一。

宋明理学家都重视"诚"的范畴，王阳明上接孟子，从心本论出发，把诚的主体性、自主性发展到极致，使其天人合一说具有直接而又绝对的特点。阳明对"诚"的基本规定是："诚是心之本体"（《传习录上》，《全集》卷一，第35页），"诚是实理，只是一个良知"（《传习录下》，《全集》卷三，第109页）。诚既是宇宙本体，又是心性原则，两者完全合一，因而呈现为真理境界。"实理"是强调其真实无妄的真理含义，"良知"则突出其自主自觉的道德原则；实诚就是与天道为一，内在地融入真理境界，因此能体会到"自慊"的情感愉悦；实诚也就是本心良知自做主宰，立定道德人生的自信，因而能不为世俗媚心所左右，表现出"狂者胸次"。这可以说是阳明人格理想的"有我之境"。

实诚自慊

阳明在《南冈说》中曾对"诚者，天之道也；思诚者，人之道也"的"诚境"作过这样生动的描述：

> 夫天地之道，诚焉而已耳；圣人之学，诚焉而已耳。诚故不息，故久，故征，故悠远，故博厚。是故天惟诚也，故常清；地惟诚也，故常宁；日月惟诚也，故常明。今夫南冈，亦拳石之积耳，而其广大悠久至与天地而无疆焉，非诚而能若是乎？故观夫南冈之崖石，则诚崖石尔矣；观夫南冈之溪谷，则诚溪谷尔矣；观夫南冈之峰峦岩壑，则诚峰峦岩壑尔矣。是皆实理之诚然，而非有所虚假文饰，以伪为于其间。是故草木生焉，禽兽居焉，宝藏兴焉；四时之推敚，寒暑晦明，烟岚霜雪之变态，而南冈若无所与焉。凤皇鸣矣，而南冈不自以为瑞也；虎豹藏焉，而南冈不自以为威也；养生送死者资焉，而南冈不自以为德；云雾兴焉，而见光怪，而南冈不自以为灵。是何也？诚之无所与也，诚之不容已也，诚之不可掩也。（《全集》卷二十四，第908—909页）

从宇宙论的角度讲："诚者，天之道也。"天地日月唯其是诚，故能常清、常宁、常明；峰峦岩壑唯其是诚，故能按其真性如如地呈现。诚者，不虚妄也，不虚饰也，不做作也，不自以为也，诚者之境，就是这种一如其真的真理世界，天地万物之美，不正是在这种本真的境界中直观呈现吗？

> 君子之学亦何以异于是！是故以事其亲，则诚孝尔矣；以事其兄，则诚弟尔矣；以事其君，则诚忠尔矣；以交其友，则诚信尔矣。是故蕴之为德行矣，措之为事业矣，发之为文章矣。是故言而民莫不信矣，行而民莫不悦矣，动而民莫不化矣。是何也？一诚之所发，而非可以声音笑貌幸而致之也。（《全集》卷二十四，第909页）

从人生论的角度讲，"思诚者，人之道也"。人生唯其是诚，故能事亲则孝，事兄则弟，事君则忠，事友则信，德性之美，一本其真，德行之显，一如其真。所以，"君子之成身也，不惟其外，惟其中；其事亲也，不惟其文，惟其实"（《贺监察御史姚应隆考绩推恩序》，《全集》卷二十九，第1055页）。诚即是真，阳明在解释《易经》"恒"的范畴时这样说："贞即常久之道也。……圣人之所以能成而化，化而复成，而妙用不穷者，一天道之常久不已也。……君子体夫雷风为《恒》之象，则虽酬酢万变，妙用无方，而其所立，必有卓然而不可易之体，是乃体常尽变。"（《五经臆说十三条》，《全集》卷二十六，第978—979页）圣人之所以能成而化，君子之所以能体而立，都是因为与诚道为一。

阳明在给友人澹然子的序中这样表达了实诚境界：

> 人，天地之心而五行之秀也。凝则形而生，散则游而变，道之不凝，虽生犹变。反身而诚，而道凝矣。故首之以"凝秀"。道凝于己，是为率性。率性而人道全，斯之谓"完"，故次之以"完斋"。完斋者，尽己之性也。尽己之性，而后能尽人之性，尽万物之性，至于草木，至矣。葵，草木之微者也，故次之以"友葵"。友葵，同于物也。内尽于己，而外同乎物，则一矣。一则吻然而天游，混然而神化，同归而殊途，一致而百虑，天下何思何虑矣。故次之以"澹然子"终焉。（《澹然子序》，《全集》卷二十九，第1040页）

在实诚之境，立身处世、治学为文，无一不是返身自求，敦本尚实。阳明说："止于至善岂外求哉？惟求之吾身而已。""修身为本。……善人只是全其心之本体者。"(《大学古本傍释》，《全集》卷三十二，第1195、1196页)在文与实的关系上，他曾提出这样的问题："子以明道者使其反朴还淳而见诸行事之实乎？抑将美其言辞而徒以诡诡于世也？"结论显然是前者。他认为太古之治"全是淳庞朴素，略无文采的气象"，"天下之大乱，由虚文胜而实行衰也"，"天下所以不治，只因文盛实衰，人出己见，新奇相高，以眩俗取誉。徒以乱天下之聪明，涂天下之耳目，使天下靡然争务修饰文词，以求知于世，而不复知有敦本尚实、反朴还淳之行：是皆著述者有以启之"。因此须"敦本尚实，反朴还淳"，"以本于道"。(《传习录上》，《全集》卷一，第7—9页)

他反复强调"惟古为学，在求放心。……勿忧文辞之不富，惟虑此心之未纯"(《铭一首》，《全集》卷二十八，第1033页)，做人则须"外内若一，匪徒威仪"(《箴一首》，《全集》卷二十八，第1033页)，"洁其行不洁其名，有其实不宏其声"(《刘子青墓表》，《全集》卷二十八，第1035页)，"中清而外慎，宽持而肃行"(《送张侯宗鲁考最还治绍兴序》，《全集》卷二十九，第1057页)，而要做到"实诚"，就必须"立志"："诚以学不立志，如植木无根，生意将无从发端矣。自古及今，有志而无成者则有之，未有无志而能有成者也。"(《寄张世文》，《全集》卷二十七，第1002页)实诚是在动机处落实，通过意志努力完成。

"实诚"是一种真理境界，而对真理的体验和把握必然体现为内心的自觉，并伴随着内乐的情感，这就是"自慊"："《大学》言诚其意者，如恶恶臭，如好好色，此之谓自慊。"(《传习录中》，《全集》卷二，第73页)"自慊"也就是在尽吾心的基础上"自快吾心"，既是一种道德情感的内在满足，又通向了"无入而不自得"的审美境界：

> 君子之学，求尽吾心焉尔。故其事亲也，求尽吾心之孝，而非以为孝也；事君也，求尽吾心之忠，而非以为忠也。是故夙兴夜寐，非以为勤也；刬繁理剧，非以为能也；嫉邪祛蠹，非以为刚也；规切谏诤，非以为直也；临难死义，非以为节也。

吾心有不尽焉，是谓自欺其心；心尽而后，吾之心始自以为快也。惟夫求以自快吾心，故凡富贵贫贱、忧戚患难之来，莫非吾所以致知求快之地。苟富贵贫贱、忧戚患难而莫非吾致知求快之地，则亦宁有所谓富贵贫贱、忧戚患难者足以动其中哉？世之人徒知君子之于富贵贫贱、忧戚患难无入而不自得也，而皆以为独能人之所不可及，不知君子之求以自快其心而已矣。（《题梦槎奇游诗卷》，《全集》卷二十四，第924—925页）

君子之学，实诚于心，君子之行，求尽吾心。从善而非有意为善，不求于人知而只求"自快吾心"，因此能面对"富贵贫贱、忧戚患难"，"无入而不自得"，这就是实诚自慊之境。

狂者胸次

在阳明看来，实诚也就是本心良知自做主宰，立定道德人生的脚跟，因而能不为世俗媚心所左右，表现出"狂者胸次"，"狂者胸次"正是"真己""真我"、真正自觉自信的境界。在宋明理学（心学）家中，朱熹和宋代理学家们大体喜欢用"气象"说精神境界，而阳明则更多地用"胸次"来形容，并特别强调了"狂者胸次"。他这样说：

我今信得这良知真是真非，信手行去，更不着些覆藏。我今才做得个狂者的胸次，使天下之人都说我行不掩言也罢。（《传习录下》，《全集》卷三，第116页）

"狂者"的提法出自《论语·子路》："狂者进取，狷者有所不为也。"孔子将"狂狷"与"乡愿"对比而言。阳明如此解释"狂者"与"乡愿"的区别：

乡愿以忠信廉洁见取于君子，以同流合污无忤于小人，故非之无举，刺之无刺。然究其心，乃知忠信廉洁所以媚君子也，同流合污所以媚小人也。……狂者志存古人，一切纷嚣俗染不足以累其心，真有凤凰千千仞之意，一克念，即圣人矣。（《传习录拾遗》，《全集》卷三十一，第1167—1168页）

"乡愿"也即海德格尔所谓的人云亦云、随波逐流的"一般人"，以从俗甚至媚俗作为立身之机，没有自己的真诚之见和独立之行；"狂者"则接近于海德格尔所谓的"此在""真我"，真理在自心澄明，因此能特立独行。

　　阳明正是从"信得这良知真是真非"，因而能"信手行去"甚至"特立独行"的特点来形容"狂者"。在他看来："世人失其心，愿瞻多外慕。安宅舍弗居，狂驰惊奔骛。高言诋独善，文非遂巧智。琐琐功利儒，宁复知此意！"（《郑伯兴谢病还鹿门雪夜过别赋赠三首》，《全集》卷二十，第732页）这就是"乡愿"的胸次；而"狂者"则是："孤肠自信终如铁，众口从教尽铄金。碧水丹山曾旧约，青天白日是知心。"（《用韵答伍汝真》，《全集》卷二十，第757页）他嘲笑"乡愿"们："处处相逢是戏场，何须傀儡夜登堂？……名利牵人一线长。……本来面目还谁识？"（《观傀儡次韵》，《全集》卷十九，第711页）而赞扬"狂者"："知者不惑仁不忧，君胡戚戚眉双愁？信步行来皆坦道，凭天判下非人谋。用之则行舍即休，此身浩荡浮虚舟。丈夫落落掀天地，岂愿束缚如穷囚！"并宣称："人生达命自洒落，忧谗避毁徒啾啾！"（《啾啾吟》，《全集》卷十九，第784页）

　　虽然阳明并不认为"狂者"是理想人格的最高标准，狂者毕竟还不是圣人，但他还是对狂者充满了激赏，并自称要做个狂者，因为狂者"一切纷嚣俗染不足以累其心，真有凤凰千千仞之意"，远远超越了常人和俗人境界，距圣人境界已经不远，所以"一克念即圣人矣"。曾点是个狂者，并非圣人，阳明却说"点也虽狂得我情"（《月夜二首》，《全集》卷二十，第787页）；李白是个"狂士"，"其谪夜郎，放情诗酒，不戚戚于困穷"，阳明称赞其"盖其性本自豪放，非若有道之士，真能无入而不自得也"。（《书李白骑鲸》，《全集》卷二十八，第1025页）概言之，"狂者"因其对良知的自觉和自信，因而能无私无畏，无入而不自得。

至善之境

　　"诚"是"实理"，体现为"真实无妄"的真理境界，"仁"则是"生理"，体现为"真诚恻怛"的道德境界。

阳明对"仁"有两种基本的规定。一是指"良知之诚爱恻怛处，便是仁"（《寄正宪男手墨二卷》，《全集》卷二十六，第991页），"道心精一之谓仁，所谓中也"（《象山文集序》，《全集》卷七，第245页）。所谓"中"也就是"至善"，也就是良知的昭灵明觉："天命之性，粹然至善，其灵昭不昧者，此其至善之发见。"（《大学问》，《全集》卷二十六，第969页）二是从"造化生生不息之理"（《传习录上》，《全集》卷一，第26页）说仁，即"天地万物一体之仁"（《传习录中》，《全集》卷二，第54页），以己及人，视人犹己。良知作为一种呈现于人生的道德境界，就要克己无我，无我而定，以顺化至善而中的"天则"；同时又要"以天地万物为一体"，跳出"小我"作为"殊相"（冯友兰语）的局限，"上下与天地同流"（《传习录下》，《全集》卷三，第106页），将小我融入社会人生和天地宇宙之中。这可以说是阳明人生境界的"无我之境"。

无我而定

"无我"是道家与佛家常用的术语。孔子主张"克己"，即克除私欲，又提倡"毋我"，即反对固执。阳明的"无我"观念包含了这两个方面的意义，但更偏重于"无执""无着"的一面。无我即无私，这是仁是实质所在。阳明说："圣人之学，以无我为本。"（《别方叔贤序》《全集》卷七，第232页）又说："诸君常要体此人心本是天然之理，精精明明，无纤介染着，只是一无我而已。胸中切不可有，有即傲也，古先圣人许多好处，也只是无我而已，无我自能谦。"（《传习录下》，《全集》卷三，第125页）阳明把无我看成是心体的本然，"便是未发之中，便是廓然大公"（《传习录上》，《全集》卷一，第22页）。无我去了心中私意，去了心中小我，自然能明辨善恶是非，把握良知"天然自有之中"，无往而非善。而且，正是由于无我，方能无我而无不我，去了小我的局限而成就大我。在分析著名的"曾点之乐"时，阳明指出：

> 三子是有意必，有意必便偏着一边，能此未必能彼；曾点这意思却无意必，便是"素其位而行，不愿乎其外""素夷狄行乎夷狄，素患难行乎患难，无入而不自得"矣。三子所谓

"汝器也",曾点便有不器意。(《传习录上》,《全集》卷一,第14页)

在这里,曾点与其他三者的区别或境界的高低就在于有无"意必"。三者是有"意必",因此"能此未必能彼";曾点则是无"意必",也即无我,正是由于无我,曾点便是不器(不局限于局限的器用),便能"无入而不自得"。

在阳明看来,人生在世,无我方能静,静方能定,定方能觉。这种见解固然有禅宗意识的影响,但作为一种人生境界,在理学家中也已成为普遍的共识。如程颢在《论定性书》中云:"所谓定者,动亦定,静亦定,无将迎,无内外。……夫天地之常,以其心普万物而无心,圣人之常,以其情顺万物而无情。故君子之学,莫若廓然而大公,物来而顺应。"① 阳明这样说:

心无动静者也,故君子之学,其静也常觉,而未尝无也,故常应常寂,动静皆有事焉,是之谓集义。集义故能无只悔,所谓"动亦定,静亦定"者也。心一而已,静其体也,而复求静根焉,是挠其体也;动其用也,而惧其易动焉,是废其用也。故求静之心即动也,恶动之心非静也,是之谓动亦动,静亦动。(《年谱二》,《全集》卷三十四,第1281页)

心无动静也即"定",因此阳明又说:"定者,心之本体。"(《传习录中》,《全集》卷二,第63页)无我而定,方能不为外界所干扰,一应依于本心良知明觉明照。在这种境界里,所谓"敬畏"与"洒落"并不是对待的两种人生态度,而是本体和工夫的本然合一:

夫君子之所谓敬畏者,非"有所恐惧忧患"之谓也,乃"戒慎不睹,恐惧不闻"之谓耳。君子之所谓洒落者,非旷荡放逸、纵情肆意之谓也,乃其心体不累于欲,无入而不自得之谓耳。夫心之本体,即天理也;天理之昭明灵觉,所谓良知也。

---

① 程颢:《答横渠张子厚先生书》,《河南程氏文集》卷二,程颢、程颐:《二程集》,王孝鱼点校,第460页。

君子之戒慎恐惧，惟恐其昭明灵觉者或有所昏昧放逸，流于非僻邪妄而失其本体之正耳。戒慎恐惧之功无时或间，则天理常存，而其昭明灵觉之本体无所亏蔽、无所牵扰、无所恐惧忧患、无所好乐忿懥，无所意必固我，无所歉馁愧怍。和融莹彻，充塞流行，动容周旋而中礼，从心所欲而不逾，斯乃所谓真洒落矣。是洒落生于天理之常存，天理常存生于戒慎恐惧之无间。孰谓"敬畏之增，乃反为洒落之累"耶？惟夫不知洒落为吾心之体，敬畏为洒落之功。（《答舒国用》，《全集》卷五，第190页）

"敬畏"不是对某一特定对象或规范的畏惧服从，而是本心良知的自觉，表现为"动亦定，静亦定，无将迎，无内外"的适度把握，忧患意识中自有宁静与平和；"洒落"不是毫无节制、毫无规范地肆意放荡，无所顾忌，而是超越了小我局限、私意遮蔽以及外在规范的执定，从而表现出来的心无所累、意无所牵，"从心所欲不逾矩""无入而不自得"的心灵自由。值得注意的是，在阳明所主张的"至善"的道德境界中，"洒落"作为一种"无入而不自得"的心态和体验仍是其最重要标志，"敬畏"只是"洒落"之功，"洒落"方是心之本体。也可以说，道德规范与道德认同只是引人向善的一种手段，真正的"至善"还须进入与审美心境相通的"无入而不自得"的心灵境界。

一体之仁

仁者"生生不息"之心，必然体现出"与天地万物为一体"的博大襟怀，这就是张载所谓"民胞物与"的仁者意识和宇宙境界。阳明的道德境界同样拥有这种仁者情怀。在阳明看来，就心之本然状态而言，每个人都与圣人一样都是与天地万物我为一体的。在其著名的《拔本塞源论》中，阳明指出：

夫圣人之心以天地万物为一体，其视天下之人，无外内远近，凡有血气，皆其昆弟赤子之亲，莫不欲安全而教养之，以遂其万物一体之念。天下之人心，其始亦非有异于圣人也，特其间于有我之私，隔于物欲之蔽，大者以小，通者以塞，人各有心，至有视其父子兄弟如仇雠者。圣人有忧之，是以推其天

地万物一体之仁以教天下，使之皆有以克其私、去其蔽，以复其心体之同然。（《传习录中》，《全集》卷二，第54页）

他在《答聂文蔚》中同样提道：

夫人者天地之心，天地万物本吾一体者也。生民之困苦荼毒，孰非疾痛之切于吾身者乎？不知吾身之疾痛，无是非之心者也。是非之心，不虑而知，不学而能，所谓良知也。良知之在人心，无间于圣愚，天下古今之所同也。世之君子惟务致其良知，则自能公是非、同好恶，视人犹己，视国犹家，而以天地万物为一体，求天下无治不可得矣。（《传习录中》，《全集》卷二，第79页）

"以天地万物为一体"的仁者的道德境界，其具体表现就是"视天下犹一家，中国犹一人"（《大学问》，《全集》卷二十六，第968页），这就是他所谓"大人者"的至仁境界。仁者不仅要克己成己，而且要成人成物，不但克小己之私、去小我之蔽以成就个体人格，而且要融小我于大我，化个体于群体以成就社会；还不仅如此，仁者之心还要融天地万物为一体，进入"与物无对""天人一体"的宇宙境界。

在他看来，这种天人一体的人者之心，"人若复得他完完全全，无少亏欠，自不觉手舞足蹈，不知天地间更有何乐可代"（《传习录下》，《全集》卷三，第104页）。这就是阳明所谓的"真乐"和"至乐"，这就是"为善最乐"：

君子乐得其道，小人乐得其欲。然小人之得其欲也，吾亦但见其苦而已耳。"五色令人目盲，五声令人耳聋，五味令人口爽，驰骋田猎令人心发狂。"营营戚戚，忧患终身，心劳而日拙，欲纵恶积，以亡其生，乌在其为乐也乎？若夫君子之为善，则仰不愧，俯不怍；明无人非，幽无鬼责；优优荡荡，心逸日休；宗族称其孝，乡党称其弟；言而人莫不信，行而人莫不悦。所谓无入而不自得也，亦何乐如之！（《为善最乐文》，《全集》卷二十四，第925页）

小人声色利欲之乐，在阳明看来非乐反苦，因为他们"营营戚戚，忧患终身"。君子之乐则乐在为善，因而"仰不愧，俯不怍"，"优优荡荡，心逸日休"。这就是"仁者境界"的"无入而不自得"。

自得之境

我们不难注意到，阳明非常喜欢使用"无入而不自得"这个形象化、情感化的价值短语来形容他所称道的理想境界，无论是实诚无妄的真理境界，还是至善明觉的道德境界，都可以也应该有"无入而不自得"的精神体验。这或许告诉我们，他所形容或规范的真理世界和道德世界都内在地与审美境界相关，就其理想境地，都离不开自由自得的审美化体验（乐）。因此，诚境、仁境和乐境是三位一体的，甚或可以说，诚境和仁境都以乐为最高境界。乐境既是一种超越的境界，又内在地融合于诚境和仁境的心境体验之中。

作为一种超越的境界，在乐境中，良知即本心，本心即良知，顺天则而自慊，自慊中有天则，是非无须执着去知，善恶无须刻意去辨，一心朗现，通体莹彻，体无善无恶而境至善至乐，真可谓"无入而不自得"，无往而非乐。这是一种即道德而超道德、即审美而化道德的最高的理想境界。在这种境界中，真可谓"一悟本体，即是功夫，人己内外，一齐俱透了"（《传习录下》，《全集》卷三，第117页）。真正达到了本体与境界的合一，本体即境界，境界即本体，应然即本然，本然已应然，其间再无稍稍的欠缺。从境界的特征而言，它已超越了有无之分、物我之隔，化解了有无之间的紧张、物我之间的对立，而进入了"与物无对"超越自得的境地。

与物无对

笔者前面已尝试着对阳明著名的"四句教"在境界论上作过新角度的解释："有善有恶"是意义世界的诚境，"知善知恶""为善去恶"是道德世界的仁境，而"无善无恶"则是审美世界的乐境。良知是心之本体，本体作为一种本然或超越的境地是无善无恶的，"无善无恶"也就是"与物无对"。

良知呈现于"诚"的意义世界或真理世界时，面对的是真的、实的世界，在真的、实的世界中，万物是有对的，因此有善有恶。

良知呈现于"仁"的道德世界时，面对的是善的世界，具体的善的世界还是有对的，因此需要"知善知恶""为善去恶"。而当良知呈现于"乐"的审美世界时，面对的是审美的自由体验的世界，在审美的自由体验世界中，一切物和事都脱去了它们实用的或伦理的片面实相，呈现在人们面前的是一如其真的本如之相，而且人们对其的体验甚至无须执定于是真是假、是是是非、是善是恶。按现代美学的术语，这就是审美观照的自由。在审美观照中，人们无须去确切地求知（真），也无须推究对象是否对我有用（善），而只着重于物我无间的自由体验。阳明的"与物无对""无善无恶"，在美学上或许可以做这样的阐释？

因此，道德境界和审美境界的微妙区别，就在于前者的境域中尚有善恶对待，需要"在意念上实落为善去恶"，而在后者的境域中，是"直从本源上悟入""人己内外，一齐俱透了"（《传习录下》，《全集》卷三，第117页），这样看来，王龙溪的"四无句"——"无心之心则藏密，无意之意则应圆，无知之知则体寂，无物之物则用神"①，正可作为审美境界的生动写照。审美之境，即是"直从本体上悟入"之境，从本体上悟入，世界呈现本如之真相，一切功利的、理智的，乃至伦理的构架、区分和牵挂均被消解，或者说本来就未曾成立，天人本然就一体，物我本然就无间，从本然切入又归之于本然，这岂不是"无善无恶""与物无对"的境界？

当然，阳明在"与天地万物一体"的仁境即道德境界中也体现着人己无间、天人合一的"与物无对"，在"真实无妄"的"诚境"即真理境界中也体现着泯消物我之隔的"与物无对"，但值得提出的是，在"诚境"和"仁境"中，一般来讲尚需要主观的努力，而在"乐境"中主观就无需努力，只是顺心适意自得。

按现代学者的解释，良知作为"灵昭不昧之心能觉，能思，也能体验，觉者觉于仁，思者思于诚，体验者便是乐。觉是仁的发现，思是诚的发现，体便是乐的发现"②，觉和思都不免有物我或善恶的对待，而体中之乐就其自身是自由的体验。仁境之觉和诚境之思中一旦有乐，其境界已悄悄向审美位移。因此，或许可以说，乐境不

---

① 王畿：《天泉证道纪》，《王畿集》卷一，吴震编校整理，第1页。
② 蒙培元：《心灵超越与境界》，第345页。

是一种独立的、分离的境界，而是融合于诚境和仁境之中的最为自由愉悦的体验。在阳明看来，是否与物无对关键在于一念之体验："心体上着不得一念留滞"（《传习录下》，《全集》卷三，第124页），就可能通向乐境，"然不知心之本体原无一物，一向着意去好善恶恶，便又多了这分意思，便不是廓然大公"（《传习录上》，《全集》卷一，第34页）。

阳明的思想当从其辩证的两面，两面的一体去理解，在其人生境界上则是入世与出世，实落与超越的统一。他的事功意识使其注意时时处处在现实用功，他的超越意识又使其注意时时处处在心灵自得。诚境、仁境都是需要实地用功的入世境界，而他的精神境界又不局限于实地用功，他更需要精神的超越。"吾心便是宇宙"，宇宙在一念中明觉，人生在一念中自由。工夫的积累终需至一念的灵觉。

无入而不自得

"无入而不自得"作为"乐境"，其实并不是一种悬隔出来的孤立的境界，而是融合于"诚境""仁境"之中的自由体验。这种体验必然地与审美相通，必然地指向审美境界。因此，"无入而不自得"的体验是阳明对人生之境的自由体认，或者说是阳明一生经历千难万苦，终至本心明觉后的生命化境。在这种境界中，真是能"富贵不能淫，贫贱不能移，威武不能屈"（《孟子·滕文公下》），真是能"于富贵、贫贱、得丧、爱憎之相，值若飘风浮霭之往来变化于太虚"（《答南元善》，《全集》卷六，第211页），真是能"遁世无闷，乐天知命"，（《传习录中》，《全集》卷二，第81页）真是能"适情任性，优游物表"（《上大人书》，《全集》卷三十二，第1208页），真是能"玩世则弈，陶情乃吟。乐天雅趣，驾古轶今"（《南野公像赞》，《全集》卷三十二，第1214页）。在阳明的诗文中，处处洋溢着这种自得的生命境界和审美旨趣，笔者不妨随引数句以见一二：

俯仰天地间，触目俱浩浩。箪瓢有余乐，此意良匪矫。
（《读易》，《全集》卷十九，第675页）

吾道有至乐，富贵真浮埃！若时乘大化，勿愧点与回。
（《陟湘于迈岳麓是尊仰止先哲因怀友生丽泽兴感伐木寄言二

首》,《全集》卷十九,第689页)

投荒万里入炎州,却喜官卑得自由。心在夷居何有陋?身虽吏隐未忘忧。(《龙冈漫兴五首》,《全集》卷十九,第702页)

深林之鸟何间关?我本无心云自闲。大舜亦与木石处,醉翁惟在山林间。晴窗展卷有会意,绝壁题诗无厚颜。顾谓从行二三子,随游麋鹿俱忘还。(《登云峰二三子咏歌以从欣然成谣二首》,《全集》卷二十,第775页)

把卷有时眠白石,解缨随意濯清漪。(《卧病静慈写怀》,《全集》卷十九,第683页)

碧水苍山俱过化,光风霁月自传神。(《萍乡道中谒濂溪祠》,《全集》卷十九,第687页)

渐觉形骸逃物外,未妨游乐在天涯。(《南庵次韵二首》,《全集》卷十九,第710页)

身既了时心亦了,不须多羡碧霞池。(《寄题玉芝庵》,《全集》卷二十,第791页)

一笑海天空阔处,从知吾道在沧州。(《怀归二首》,《全集》卷二十,第752页)

在这些活泼跳跃的诗句中,阳明对自然山水的钟情,对尘世物欲的超越,对宇宙生意的默契,对人生境界的透悟,一一呈现在我们眼前。这是一位智者,又是一位诗人,这是一位充满智者睿智的诗人,这是一位充满诗人激情的智者。阳明的"致良知"学说正来自这种"无入而不自得"的生命体验,阳明心学美学的智慧也正来自这份生命情趣的自得。

阳明的文集中,如果说《传习录》主要是以通俗而充满机趣的语言表述了他对自得生命境界的理论思辨,那么他的一些序记则更为形象生动地描绘了他所向往和礼赞的这种"无入而不自得"的人生风范和人格境界,也更直观地透显着他的心学美学精神情趣。略举一二如:

相与感时物之变衰,叹人事之超忽,发为歌诗,遂成联句。郁然而忧深,悄然而情隐,虽故托辞于觞咏,而沉痛惋恻,终有异乎昔之举酒花前,剧饮酣歌,陶然而乐者矣。……

虽各惟利器处剧任，而飘然每有烟霞林壑之想。(《对菊联句序》，《全集》卷二十九，第1042页）

君子之道，出与处而已。其出也有所为，其处也有所乐。……今兹之归，脱屣声利，垂竿读书，乐泉石之清幽，就烟霞而屏迹，宠辱无所与，而世累无所加，斯不谓之有所乐乎？……君子之道，用之则行，舍之则藏。(《送毛宪副致仕归桐江书院序》，《全集》卷二十一，第872—873页）

古之有道之士，外槁而中泽，处隘而心广；累释而无所挠其精，机忘而无所忤于俗。是故其色愉愉，其居于于；其所遭若清风之披物，而莫知其所从往也。……夫精藏则太和流，神守则天光发，累释则怡愉而静，机忘则心纯而一：四者道之证也。(《寿汤云谷序》，《全集》卷二十二，第878—879页）

夫其隐几于蓬窗之下，听芹波之春响，而咏夜檐之寒声，自今言之，但觉其有幽闲自得之趣，殊不见其有所苦也。……洒然而乐，廓然而忘言者矣！(《书东斋风雨卷后》，《全集》卷二十四，第916页）

会稽素号山水之区，深林长谷，信步皆是，寒暑晦明，无时不宜，安居饱食，尘嚣无扰，良朋四集，道义日新，优哉游哉，天地之间宁复有乐于是者！(《传习录中》，《全集》卷二，第81—82页）

这里所展示的无一不是"无入而不自得"的人生风范与人格境界，烟霞林壑之想、泉石清幽之乐、出处无累之机、幽闲自得之趣，无一不是阳明心学美学人生境界的生动写照。"外槁而中泽，处隘而心广；累释而无所挠其精，机忘而无所忤于俗"，正是阳明"无入而不自得"的生命境界的简练概括。这些不仅仅是美的范文，更是生命美学的范本。

在《何陋轩记》《君子亭记》《远俗亭记》等一组题义相近、情趣相贯的记居美文中，更直接呈露了阳明对生存环境和生命境界的审美理想。《何陋轩记》记叙阳明以罪谪龙场，人皆以为阳明来自中土，难以在此陋地居住，而阳明则"处之旬月，安而乐之，求其所谓甚陋者而莫得"，他写道："予尝圃于丛棘之右，民谓予之乐之也，相与伐木阁之材，就其地为轩以居予。予因而翳之以桧竹，莳之以卉药；列堂阶，辩室奥；琴编图史，讲诵游适之道略俱。学士之来游者，亦稍稍而集于是。人之及吾轩者，若观于通都焉，而予亦忘予之居夷也。"(《全集》卷二十三，第891页)身处陋居而不以为陋，甚而以陋为乐，这不正是一种"无入而不自得"的生命境界？

《君子亭记》接着《何陋轩记》所记，在"何陋轩"上"复因轩之前营，驾楹为亭，环植以竹，而名之曰'君子'"。他对取名的理由作了这样的解释：

曰："竹有君子之道四焉：中虚而静，通而有间，有君子之德；外节而直，贯四时而柯叶无所改，有君子之操；应蛰而出，遇伏而隐，雨雪晦明无所不宜，有君子之时；清风时至，玉声珊然，中采齐而协肆夏，揖逊俯仰，若洙、泗群贤之交集，风止籁静，挺然特立，不挠不屈，若虞廷群后，端冕正笏而列于堂陛之侧，有君子之容。竹有是四者，而以'君子'名，不愧于其名；吾亭有竹焉，而因以竹名名，不愧于吾亭。"门人曰："夫子盖自道也。吾见夫子之居是亭也，持敬以直内，静虚而若愚，非君子之德乎？遇屯而不慑，处困而能亨，非君子之操乎？昔也行于朝，今也行于夷，顺应物而能当，虽守方而弗拘，非君子之时乎？其交翼翼，其处雍雍，意适而匪懈，气和而能恭，非君子之容乎？夫子盖谦于自名也，而假之竹。虽然，亦有所不容隐也。夫子之名其轩曰'何陋'，则固以自居矣。"(《全集》卷二十三，第891—892页)

文章以竹子"中虚而静""外节而直""出入无所不宜""挺然特立"等特点，形容君子之道，其实是"夫子自道"，表达了他自己的"遇屯而不慑，处困而能亨""顺应物而能当"的人生境界。

《远俗亭记》则表达了他对何为真远俗的透彻理解：

俗习与古道为消长。尘嚣溷浊之既远，则必高明清旷之是宅矣，此"远俗"之所由名也。然公以提学为职，又兼理夫狱讼军赋，则彼举业辞章，俗儒之学也；簿书期会，俗吏之务也；二者皆公不免焉。舍所事而曰"吾以远俗"，俗未远而旷官之责近矣。君子之行也，不远于微近纤曲，而盛德存焉，广业著焉。是故诵其诗，读其书，求古圣贤之心，以蓄其德而达诸用，则不远于举业辞章，而可以得古人之学，是远俗也已。公以处之，明以决之，宽以居之，恕以行之，则不远于簿书期会，而可以得古人之政，是远俗也已。苟其心之凡鄙猥琐，而徒闲散疏放之是托，以为"远俗"，其如远俗何哉！昔人有言："事之无害于义者，从俗可也。"君子岂轻于绝俗哉？然必曰无害于义，则其从之也，为不苟矣。是故苟同于俗以为通者，固非君子之行；必远于俗以求异者，尤非君子之心。（《全集》卷二十三，第892—893页）

俗与不俗，以及是否远俗，并不取决于所处的实境，而是取决于当事者的心境。若能"公以处之，明以决之，宽以居之，恕以行之"，则即俗不俗，即使是"不远于举业辞章、簿书期会"，也能到达"远俗"的境界。因此，远俗与否，关键取决于是否有自得之心境，心境自得，则"无入而不自得""无往而非乐"。这就是阳明心学美学的真生命境界。

钱德洪《答论〈年谱〉书》云："生死毁誉之念忘，则一体万化之情显。"[①]这是阳明学生对阳明一生的生命境界的精要总结。阳明临终亦称："此心光明，亦复何言？"（《年谱三》，《全集》卷三十五，第1324页）这是他对自己一生的生命境界的临终结语。生得光明磊落，去得宁静平和，阳明的生命境界是良知澄明的境界，也是美感莹彻的生命境界。阳明生命境界的光明与自由，根基于他对本心良知的实落与自得，他的生命境界的道德和审美魅力，均来自本心良知的恒照与呈露。我们要了解阳明心学，自不能离开对其生命历程的体验；我们要领略阳明心学美学，更不能离开对其生命境界的证会。

[①] 钱德洪：《答论〈年谱〉书》，《徐爱　钱德洪　董沄集》，钱明编校整理，第206页。

余 论

当代启示

人人自有定盘针，万化根源总在心。却笑从前颠倒见，枝枝叶叶外头寻。(《咏良知四首示诸生》，《全集》卷二十，第790页）

昔人已乘黄鹤去，斯心良知犹光明。阳明的离去已距我们有四百多年，阳明心学美学的历史语境我们已无法具体而精确地体认，但他基于真生命、真性情体验的心学和美学的精神，他那本体工夫合一的美学智慧，还能给我们当代的人生境界和美学建构以某种启示。限于篇幅，本章无法具体地展开，只能择其要作些体认。

美学启示

首先，阳明心学美学是切入生命存在的生命或境界论美学，他的心学和美学旨趣与人现实生命体验紧密地结合在一起，他的心学本体与生存美学境界，他的心学工夫与行动美学精神，都应该对于我们当代美学的建构有所启发。

阳明心学不是实体论哲学，而是境界形态的哲学。阳明心学美学也不是实体论美学，而是境界论美学。境界必然与人的心灵相关，是精神状态或心灵的存在方式，是心灵"存在"经过自我提升所达到的一种境地和界域。阳明心学美学以本心"良知"为本体，以身心的体认和践履为"致良知"的工夫。美即本心良知以物为体在时机化境域中的呈现，审美即自由自得地体验、体认、呈露、落实良知境界的过程。在阳明心学美学的逻辑体系中，美既是本体的呈现，又是境界的圆成，审美即是体认本体和澄明境界的过程。境界是一个相对于人而言的可能的、理想的世界，它根于本然，升华于应然，是本然和应然的内在合一。体认良知是回归于良知之本然，呈现良知是落实于良知之应然，一切都通过身心践履而圆成于人生之境。人生的理想之境必然与审美之境相通，或者说必然在审美境界得到超越和圆成。阳明心学美学本体论是为人生理想境界的可能提供本体的依据，而他的审美工夫论则是为人生理想境界的实现提供现实的途径，最终指向的是人生理想境界的落实和圆成。因此，人生境界的现实呈现就成为阳明心学美学的最终的关切。

美学就其基本品格而言是基于生命体验的精神哲学，因此，美学必定要与人的生存境界相关,必须关注人的生存体验和精神超越问题。阳明心学美学的本体论启示我们:人生之本就是美学之本,人心之体验和明觉就是审美存在之境。美学不能回避本体问题!作为精神哲学,学不究体,何以为学?美学与艺术学的区别,就在于它要对审美现象的存在结合人生体验作哲理的反思。基于这一点,任何所谓"纯语义""纯形式""纯结构"的美学,离开生命体验的美学,离开生命境界的美学,不管它是科学美学还是分析美学,我严重地怀疑它们能不能算是真正的美学。我们的美学应该指向人生之境,一切其他的手段或途径必须与这种生命本体相关。因此,离开生命体验的抽象玄思和形式游戏都与真正的美学精神存在隔膜,或者说已离开了美学的基本精神。

当然,美学不可能解决人生全部的精神体验问题,但美学在解决人的精神体验问题上确实有着其他精神形态所不能代替的功能。按阳明心学美学的理解,人生的诚境、仁境都与乐境相关,在"无入而不自得"的精神体验方面乐境可以是一种当下超越的境地,诚境和仁境只有进入了乐境方为理想的境界。美学应该而且可以在引导人们进入这种境界方面做出自己独特的贡献。

其次,阳明心学美学是一种落实于人生实践尤其是人格化育实践的美学,它有着一套与本体内在结合的工夫,或者说人生境界作为一种本体就在工夫的落实中呈现。因此,阳明的工夫美学内在地强化了美学的美育功能,把其作为一种"身心之学",这是有其深刻的道理的。

检讨中国的现当代美学,自蔡元培先生提出"以美育代宗教"以来,美育的功能不可谓不强调,但至今仍成效不能令人满意。究其最根本的原因不外乎两点:一是在本体论上未能与人生真切地结合,二是在工夫论上未能与身心践履切实地落实。无论是美学的论著还是教育学的论著,在谈到美育时,往往更多地只是将其作为体系的点缀,或者仅仅将其窄化为一种艺术欣赏和体验的方式或途径,对其与成就道德人生的内在关系,对其在圆成生命境界方面的功能,注意远远不够,甚至还远远未达到古人关切的深度。

所以,美学的功能必须在美育上用功,这一点无论怎么强调都不过分,这就是美学上的"知行合一"。审美体验应该落实于审美实践,审美实践必须落实于人生境界。在这个角度讲,美学确实应当是如阳明所说的"身心之学",而不应该仅仅或主要不仅仅是"观听之学"。因此,我们在美育上不仅需要理论的深化,而且需要一套切实可行、实用高效,能够"随事磨炼""随事尽道"的实践措施和操作方案。据于这种独特的民族智慧,我们的美育,就不应该仅仅是如席勒所说的"游戏冲动"或"形式观照",而更应是一种"内入真有"的"身心践履"。

再次,我们在建构当代中国美学的学术思路上也可以从阳明心学美学中获得启发,那就是理论构架应超越主客二分的模式,本体探讨应超越主客现成的视域,理论的表述应基于本心见"独知"。

海德格尔等西方现代哲人已对我们中国和东方的智慧作出了遥远的回应,存在世界没有绝对本体,没有先成的主体和客体,一切均在此在的境域中呈现或生成。基本的存在世界是如此,着重于生命体验的审美世界更是如此。这是基于古今东西人皆有之的"良知"的真知灼见。

巡视中国当代美学的建构,成果不可谓不丰富,但真正有真知灼见的又有多少?同语重复的又有多少?例如,我国美学界近年来争论得颇为热闹的"实践本体论"问题,谈来谈去,不但总是各执一词,莫衷一是,而且总是"沿门持钵",搬弄权威的、经典的词语,没有自己真实体验与话语。在我看来,问题的关键在于没有找到人的真正可以切实把握的生存本体,没有表达基于生存真切体验上的"独知"。

因此,在中国当代美学的建构中,不应再老是着眼于照搬异族思维的异种格局,或是着眼于"我注六经"式的经典权威阐释。作为民族思维,我们应该基于本民族独特的文化根基和心灵智慧对世界发表自己的"独知",在平等的前提下与世界尤其是西方对话。作为个体思维,我们更有理由、有自信,基于本心对世界的真切体验和理解,表达对世界的"独知"。

阳明诗云:"人人自有定盘针,万化根源总在心。却笑从前颠倒见,枝枝叶叶外头寻。""无声无臭独知时,此是乾坤万有基。抛却自家无尽藏,沿门持钵效贫儿。"(《咏良知四首示诸生》,《全集》卷二十,第790页)当代中国美学建构可以从心学中汲取精神资源,类似理学向心学的转向,理性主义向存在主义的转向,当代中国美学有必要发生本体和方法论的转向,即由着重于对外在经典理论的阐述与论辩，向着力于对内在真切感受的整理与表达的转向。

这个世界对于我的意义取决于我对世界的感受或明觉。真正有本体意义和生存价值的感受是基于本心的、个性的、独特的。审美是个体对世界的自由的、独特的超越感受，美学则是对这种感受的精神透悟和思辨表达。这种感受和表达不寻求众人或权威的认同，正是独特的感受和表达，构成了丰富多彩的人文世界。"沿门持钵"则永远不会给人文世界增添有价值的内容。

生存启示

在十年前一本书的后记中，我曾写下了如此的人生体验：

> 到如今，我才突然感到，古人在两千多年前给人生阶段作的划分真有道理，到了"不惑"之年，真获得了不惑的感受。我感到现在我可以坦然地面对这个世界，而以前不行，以前总有这样那样的顾虑，以前总为别人的目光在活着，在某种程度上可以说以前的我不完全属于我自己，以前的我不完全是我自己。现在我首先想为自己的真实感受活着，真实地感受和真实地表达是我最大的愿望。只有这样，我也许还能为这个世界贡献一点东西，在这个世界留下一点东西。我相信自己，我相信自己在"人"这个类中无论在德行还是在智能方面都还是属于中等以上水准的，因此我有理由与自信凭自己的本性在这个世界上生存。我不会再盲目地崇拜或信仰别的东西，一切都必须经过我自己理智的判断与感觉的体验，否则我就是在推诿自己做人的责任。我相信人是自由的，任何选择都是自己的选择，任何结果都是自己的结果。①

读了王阳明，与阳明先生作了隔世的交谈以后，我更加深了这种体验，甚至觉得，我想说的，阳明在数百年以前已经表达了，尽管那时我还没有细读阳明。读了阳明以后，我觉得可以更加真实而

---

① 潘立勇：《审美人文精神论》，浙江大学出版社1996年版，第423页。

坦然地面对世界，可以更坦然地重复我在十年前后记中写过的话。

一个司空见惯的事实是：人们变得空前的聪明，然而聪明往往反被聪明误，以致人们忘了自己究竟是什么，自己究竟需要什么，自己究竟属于什么。人们一本正经地不相信自己的真实感觉，非要给自己的感觉寻找一个世俗的或权威的印证不可。人们似乎又把自己有限的生命看得非常永恒，似乎自己的尊容永远能够在世界上保留下去，自己的形象永远会留在人们的目光中。社会上的不少俗人为社会的世俗目光活着，文化圈的不少文人为文化的规矩左右着，政界的不少政客为政坛上的假面具做作着。一个共同的特征是：他们往往都没有真实的自己，没有自己真实的感觉。只有到临近火葬场的时候，才有人恍然觉得，自己好像还没有真实地活过。（从现在开始倒计时，我们离到那天还可以翻多少日历呢？）有些人就这样懵懂着离开了世界，有的人则在离开的时候还要做作一下，可是又有多少人注意到了这种做作呢？即使被注意到了，又能被注意多久呢？即使被注意很久，跟你这个感受主体又有什么相干呢？如果这个世界上已经没了你这个主体，你又何从去感受这个世界呢？

我现在才有点真正意识到曹操那句诗的慷慨苍凉与智悟深沉："对酒当歌，人生几何？"这似乎又跟西方当代存在主义的思路不谋而合：人一生下来就面临着死亡，生存之领悟始于懂得死亡。这种观念在以往的意识形态里向来是被看作颓废的、消极的，甚至是反动的，其实后者是一种非常肤浅、虚伪而又专制的独断论。我现在最讨厌与痛恨的是专制和虚伪，这两者又是相辅相成的。而在专制与虚伪两者中，又是虚伪更为可恶，虚伪不但是专制的帮凶，而且直接就是专制的基础。

话说得有点远了，也许我这个人现在有点偏激，有点过于愤世嫉俗，但我确实比过去想得透了，而且这种透仅仅是一念之差，那就是明白了究竟什么是生存之本体，在我看来，那就是：我对世界的真实感受。尽管我对于世界的意义取决于世界对我的认可，而世界对于我的价值则取决于我对世界的感受，后者是更为本体的。人所面临的种种关系，归结到最根本的，那就是我与对象世界的关系，我是与整个世界对话；任何人都是以他自己与整个世界对话，除非他作为"一般人"的奴隶做惯了，自觉不自觉地放弃了说自己话语和生存的权力。

哲学、美学这一类人文学科不同于自然科学和社会科学的特殊性正在于，它们研究的是与人自身相关的具有主体性、个体性和独特性的价值，因此，它特别需要个体化、自性化的感受、理解与表达，甚至，它并不追求他人的认同。如果你对这个世界有了个体性的真实的感受和表达，你就算为这个人文世界增加了一点东西；如果你重复的只是别人的话语（不管是经典的还是权威的），那你只是给这个人文世界增加了一些复制品，甚至是人文垃圾。

　　要做到这一点不容易，除了有胆，还要有识。我并不认为自己能做到这一点，但我是真诚地想做到这一点。就如王阳明所说的："我今才做个狂者的胸次，使天下人都说我行不掩言也罢。"（《传习录下》，《全集》卷三，第116页）就如王龙溪所说的："就论立言，亦须一一从圆明窍中流出，盖天盖地，始是大丈夫所为，傍人门户，比量揣拟，皆小技也。"① 我并不想做个佯狂者，但确实想做一个能真实地、独立地、自由地感受和表达的真人。在以后的做人与做学问中，我都会朝着这个方向。

---

① 王畿：《曾舜征别言》，《王畿集》卷十六，吴震编校整理，第460页。

参考文献

一、基本文献

黄绾：《明道编》，刘厚祜、张岂之标点，中华书局1959年版。
张廷玉等：《明史》，中华书局1974年版。
李贽：《焚书 续焚书》，中华书局1975年版。
王夫之：《张子正蒙注》，王孝鱼点校，中华书局1975年版。
阮元校刻：《十三经注疏》，中华书局1980年版。
陆九渊：《陆九渊集》，钟哲点校，中华书局1980年版。
张载：《张载集》，章锡琛点校，中华书局1981年版。
朱熹：《四书章句集注》，中华书局1983年版。
陈淳：《北溪字义》，熊国祯、高流水点校，中华书局1983年版。
黄宗羲：《明儒学案》，沈芝盈点校，中华书局1985年版。
黄宗羲原著，全祖望补修：《宋元学案》，陈金生、梁运华点校，中华书局1986年版。
黎靖德编：《朱子语类》，王星贤点校，中华书局1986年版。
陈献章：《陈献章集》，孙通海点校，中华书局1987年版。
周敦颐：《周敦颐集》，陈克明点校，中华书局1990年版。
王守仁：《王阳明全集》，吴光等编校，上海古籍出版社1992年版。
刘宗周：《刘宗周全集》，（台湾）"中央研究院"中国文史哲研究所筹备处1998年版。
王艮：《王心斋全集》，陈祝生主编，江苏教育出版社2001年版。
程颢、程颐：《二程集》，王孝鱼点校，中华书局2004年版。
王畿：《王畿集》，吴震编校整理，凤凰出版社2007年版。
徐爱、钱德洪、董沄：《徐爱 钱德洪 董沄集》，钱明编校整理，凤凰出版社2007年版。
朱熹：《周易本义》，廖名春点校，中华书局2009年版。
邵雍：《邵雍集》，郭彧整理，中华书局2010年版。
朱熹：《朱子全书》，朱杰人、严佐之、刘永翔主编，上海古籍出版社2010年版。

二、研究专著

牟宗三:《智的直觉与中国哲学》,台湾商务印书馆1971年版。
钱穆:《朱子新学案》,(台湾)三民书局1972年版。
陈荣捷:《王阳明传习录详注集评》,台湾学生书局1972年版。
牟宗三:《现象与物自身》,台湾学生书局1975年版。
钱穆:《宋明理学概述》,台湾学生书局1977年版。
钟彩钧:《王阳明思想之进展》,(台湾)文史哲出版社1983年版。
陈荣捷:《王阳明与禅》,台湾学生书局1984年版。
钱穆:《王守仁》,台湾商务印书馆1984年版。
蒙培元:《理学的演变:从朱熹到王夫之戴震》,福建人民出版社1984年版。
张立文:《宋明理学研究》,中国人民大学出版社1985年版。
岛田虔次:《朱子学与阳明学》,蒋国保译,陕西师范大学出版社1986年版。
牟宗三:《心体与性体》,(台湾)正中书局1989年版。
蒙培元:《理学范畴系统》,人民出版社1989年版。
蔡仁厚:《宋明理学·南宋篇》,台湾学生书局1989年版。
杨国荣:《王学通论——从王阳明到熊十力》,上海三联书店1990年版。
陈来:《有无之境——王阳明哲学的精神》,人民出版社1991年版。
蔡仁厚:《王阳明哲学》,(台湾)三民书局1992年版。
赵士林:《心学与美学》,中国社会科学出版社1992年版。
方尔加:《王阳明心学研究》,湖南教育出版社1992年版。
牟宗三:《从陆象山到刘蕺山》,台湾学生书局1993年版。
冯友兰:《贞元六书》,华东师范大学出版社1996年版。
张祥龙:《海德格尔思想与中国天道:终极视域的开启与交融》,生活·读书·新知三联书店1996年版。
杨国荣:《心学之思:王阳明哲学的阐释》,生活·读书·新知三联书店1997年版。

张祥浩:《王守仁评传》,南京大学出版社1997年版。

冈田武彦:《王阳明与明末儒学》,吴光、钱明、屠承先译,上海古籍出版社2000年版。

左东岭:《王学与中晚明士人心态》,人民文学出版社2000年版。

成中英主编:《本体与诠释》,生活·读书·新知三联书店2000年版。

成中英:《合外内之道——儒家哲学论》,中国社会科学出版社2001年版。

张祥龙:《从现象学到孔夫子》,商务印书馆2001年版。

钱明:《阳明学的形成与发展》,江苏古籍出版社2002年版。

初版后记

2004年6月吉林长春南湖宾馆，我在第六届中华美学年会上作了有关阳明心学美学的大会发言，适好北京大学出版社江溶先生在座。他在会后即向我约稿，说他在编一套"美学散步"丛书，希望以比较轻松的文字谈美学问题，有意约我写一本有关王阳明心学智慧的书。我一方面受宠若惊，非常感谢江溶先生的看重，另一方面却踌躇得很。说实话，由于多年受学院派学术文风的影响，我已经很难写轻松的文字了。读者马上会发现，本书的文字，仍然不会是十分轻松的，尽管我已做了些努力。

对于王阳明哲学，我是情有独钟的。我不但对于他的思想很为欣赏，更对他的人格十分认同。作为他的后辈同乡，我很愿意对阳明的思想和人格作一番深入的体认。从1996年获批浙江省社科基金立项资助本人研究"阳明心学与明清美学思潮"课题起，我对阳明的关注已经有八九个年头。2000年在复旦大学攻读博士学位期间，我又选了王阳明思想作为博士学位论文的研究对象（由于这个原因，我申请并获准了省课题的延期），试图从本体工夫论的角度探讨阳明的心学美学。所幸的是，这个课题后来又获得了国家"十五"社科基金的资助。

于是，我对王阳明的思想和人格有了一点自己独特的体会，我对阳明心学的美学智慧也许有了一点独到的发现。基于这个基础，我答应了江溶先生的约请，写这本小书。惭愧的是，我这个人写书往往一拖再拖，半成品，或者大半成品的书稿往往会一搁就是几年。于今，我不能再拖了。确实是对阳明心学的美学智慧有感于心，不得不发，同时把这本书作为省社科基金项目的最终成果。

遗憾的是，为了等本辑"美学散步"其他书稿的同步出版，拙稿交付后在出版社又躺了两年。这份拖延，倒实在不是笔者的初衷。

感谢北京大学哲学系良志兄为本书配图，这将使阳明心学的美学智慧呈现得更加形象生动，也感谢北京大学出版社张雅秋女士的精心编辑，使笔者原来较为随性的文字表达能更为精审。

2005年9月交稿
2007年8月校样改定再识
作者于浙江大学求是村静定轩

原版补记

也许，用"好事多磨"这个成语来形容本书的出版过程也不足以体现其间的曲折耽搁。一不小心，拙稿又在出版社躺了两年。笔者以为是由于本辑丛书其他书稿的耽搁，造成拙稿付印一拖再拖，因此就静候处置，不再过问。后了解是由于拙稿的内容风格还是太学术化，不够轻松，与本丛书其他书稿的风格不类，不太适宜作为插图本出版。责任编辑和出版社也一直在踌躇。还得感谢张雅秋女士的尽心争取和精心设计，将拙著改为非插图本单独出版。用张雅秋女士的话来说，像我这样将书稿放在出版社一躺四年不再过问的著者还没碰到过。其实，我何尝不希望及时出版，但怎么好意思催出版社呢？

随之而来的尴尬是，由于取消了插图，又变成了较纯粹的学术版本，本书的内容与后续将在商务印书馆出版的拙著《阳明心学美学》可能会有重合与类似，笔者只能对后著再另下功夫。

南京大学校友章辉兄搞文字出身，精于校勘。本次重校蒙章兄相助，找出了不少由于电脑误打和未尽推敲所留下的疵点，在此一并致谢。

2009 年 7 月重校补记
作者于杭州临安同尘别居